AF724226

DÉPÔT
N°
34
19

DU GOUVERNEMENT CIVIL EN HAÏTI

PAR

Louis Joseph JANVIER

Licencié en Droit de la Faculté de Lille ;
Diplômé de l'École des Sciences politiques de Paris (*Section Administrative*)
Délégué d'Haïti à la Conférence diplomatique de Berne
pour la protection des Œuvres littéraires et artistiques, de 1884 à 1887 ;
Diplômé de l'École des Sciences politiques de Paris (*Section Diplomatique*) ;
Secrétaire de Légation, puis Chargé d'Affaires, puis Ministre Résident d'Haïti à Londres
de 1889 à 1904 ;
Diplômé de l'École des Sciences politiques de Paris (*Section Économique et Financière*)
Docteur en Médecine et Lauréat de la Faculté de Paris.

Avec le portrait de l'auteur

LILLE
LE BIGOT FRÈRES, IMPRIMEURS-EDITEURS
25, Rue Nicolas-Leblanc, 25

1905

DU

GOUVERNEMENT CIVIL

EN HAÏTI

4682.

8° Pu
445

LOUIS JOSEPH JANVIER

DU
GOUVERNEMENT CIVIL
EN HAÏTI

PAR

Louis Joseph JANVIER

Licencié en Droit de la Faculté de Lille ;
Diplômé de l'École des Sciences politiques de Paris (*Section Administrative*) ;
Délégué d'Haïti à la Conférence diplomatique de Berne
pour la protection des Œuvres littéraires et artistiques, de 1884 à 1887 ;
Diplômé de l'École des Sciences politiques de Paris (*Section Diplomatique*) ;
Secrétaire de Légation, puis Chargé d'Affaires, puis Ministre Résident d'Haïti à Londres,
de 1889 à 1904 ;
Diplômé de l'École des Sciences politiques de Paris (*Section Économique et Financière*);
Docteur en Médecine et Lauréat de la Faculté de Paris.

Avec le portrait de l'auteur

LILLE
LE BIGOT FRÈRES, IMPRIMEURS-ÉDITEURS
25, Rue Nicolas-Leblanc, 25

—

1905

DU MÊME AUTEUR

La Phtisie pulmonaire. — *Causes Traitement préventif.* 1 vol in-8. Paris, 1881. Chez Asselin, éditeur, place de l'Ecole-de-Médecine. (*Ouvrage couronné par la Faculté de médecine de Paris.*)

Les Détracteurs de la Race noire et de la République d'Haïti. Deuxième édition. Paris, 1882. Chez Marpon et Flammarion, galerie de l'Odéon, et 26, rue Racine. (En collaboration).

Promenades au Quartier-Latin. — *Les Statues du Luxembourg. Revue de la Jeune France du* 1er novembre 1882). Paris.

La République d'Haïti et ses visiteurs. 1 vol. in-8. Chez Marpon et Flammarion, 26, rue Racine. Paris, 1882. (*Ouvrage médaillé à l'Exposition universelle d'Anvers*).

L'Égalité des Races. In-18 jésus. Juillet 1884. Paris.

Le Vieux Piquet. In-18 jésus. Juillet 1884. Paris.

L'Évolution littéraire en Haïti. *Revue internationale littéraire.* Paris (Avril-Août 1884).

Les Antinationaux. (*Actes et Principes*). In-18 jésus. Août 1884. Paris.

Haïti aux Haïtiens. In-18 jésus. Août 1884. Paris 2e édition.

La Constitution Haïtienne de 1879. *Annuaire de la Société de Législation comparée,* tome XIV. Paris, 1885.

Les Affaires d'Haïti (1883-1884), in-12. Paris, 1885. Chez Marpon et Flammarion, galerie de l'Odéon, et 26, rue Racine.

Les Constitutions d'Haïti. — 1 vol. in-8. Paris, 1886. Chez Marpon et Flammarion.

Une Chercheuse. — Roman parisien. 1 vol. in-8. Paris, 1889. Chez Marpon et Flammarion, galerie de l'Odéon, et 26, rue Racine.

POUR PARAITRE SUCCESSIVEMENT :

L'Evolution littéraire en Haïti, Deuxième partie.

Histoire économique d'Haïti.

La Révolution française dans l'Amérique latine.

A MON PÈRE

qui, de 1843 à 1873, fut le Commissaire de son îlet ;

ET A MON GRAND-PÈRE, LE COLONEL JANVIER

dont le nom se trouve dans *L'Acte de Résistance à l'Oppression*, signé à Port-au-Prince, en Octobre 1806 (1)

Nous avons été.

L. J. J.

Lille, le 4 Août 1905.

(1) Voir Madiou. *Histoire d'Haïti*, tome III.

PRÉFACE

La nation haïtienne est centenaire et son passé est des mieux remplis : on ne saurait soutenir qu'elle n'a point d'histoire. Les pages de cette histoire peuvent offrir un certain intérêt et même un certain attrait aux penseurs qui, dans les pays vieux, s'occupent de questions constitutionnelles et d'administration comparée : le règne des faits remplace partout celui de la science conjecturale. D'autre part, la loi est un prince muet, comme disait déjà Cicéron : elle est supérieure aux princes parlants qui ne sont chargés que de la faire exécuter temporairement.

Lille, le 4 Août 1905.

Louis Joseph Janvier.

CHAPITRE PREMIER

De 1492 à 1804

Période coloniale

I

L'île d'Haïti fut découverte par Christophe Colomb le 6 décembre 1492. Elle était alors divisée en cinq petits royaumes. Le royaume de *Marien*, situé dans le nord-ouest, avait pour capitale Guarico et son chef s'appelait Guacanagaric. C'est au Môle Saint-Nicolas, dans le Marien, que Christophe Colomb jeta l'ancre. La *Magua* était au nord-est et son chef se nommait Guarionex. Il avait sa capitale au lieu où fut construite depuis Conception de la Véga-Réal. Le *Higuey* était à l'est. Cayacoa, puis Cotubanama en furent rois. La capitale du Higuey était Higuey ou Xiguey. Le royaume de la *Maguana* se trouvait au centre de l'île et Caonabo en était le chef. Maguana, depuis Saint-Jean de la Maguana et actuellement Saint-Jean, était la capitale du royaume de la Maguana. Le territoire du royaume de *Xaragua* comprenait tout le sud-ouest actuel de l'île. Le cacique du Xaragua était Bohéchio et sa capitale *Yaguana*, la Léogane actuelle. *Yaquinco* (Aquin), *Yaquimel* (Jacmel), *Tiburon* (Tiburon),

Arcahaya (Arcahaie), étaient des villages qui reconnaissaient l'autorité de Bohéchio. Dans le langage des aborigènes d'Haïti, le chef suprême de chacun des petits royaumes de Marien, de la Magua, du Xiguey, de la Maguana, du Xaragua portait le titre de cacique. A la mort de Bohéchio, *Anacoana* (1), sa sœur, veuve de Caonabo, devint caciquesse du Xaragua après avoir été caciquesse de la Maguana.

Les Espagnols changèrent les noms caraïbes de l'île, *Haïti*, Terre montagneuse, *Quisqueya*, Grande terre, *Bohio*, Riche en villages, en celui de *Hispaniola*, Petite Espagne. Hispaniola, la *maravilla*, ainsi que l'appelait Colomb en écrivant à Isabelle, fut bientôt veuve de sa population autochtone : employée à l'exploitation des mines d'or et d'argent, elle mourut de 1500 à 1540. Les Indiens morts, les Espagnols dédaignèrent de cultiver le sol d'Haïti, Cortez ayant conquis le Mexique et Pizarre le royaume des Incas du Pérou. Hispaniola la *Maravilla* devint presqu'une île déserte. Les choses étaient encore dans cet état vers la fin du XVIe siècle. En 1630, des aventuturiers français, commandés par le Dieppois Niel d'Eambuc, et des aventuriers anglais, commandés par Willis, furent chassés de Saint-Christophe par don Ferdinand de Tolède, amiral de Castille, et vinrent s'établir à la Tortue. Les flibustiers, les frères de la côte, les boucaniers, attendaient au passage les navires espagnols qui transportaient en Espagne l'or recueilli dans les mines du Mexique et du Pérou,

(1) Anacoana. — Fleur d'or fin.

s'en emparaient et les pillaient. Peu à peu, ils colonisèrent l'île de la Tortue et les côtes d'Haïti les plus voisines de la Tortue. Pour cultiver le sol, ils faisaient signer des engagements à des hommes moins fortunés qu'eux qui arrivaient d'Europe ou qu'ils recrutaient aux Antilles. Ceux-ci qu'on appela « engagés », consentaient à recevoir des coups de bâton pour ne pas mourir de faim. Bientôt les *engagés* ne suffirent plus et aux blancs on substitua les noirs ; on substitua la grande culture de la canne à sucre à la petite culture du coton, du cacao et du tabac (1). Les plantations devinrent des prisons vivantes (Cochin) où, pendant cent ans et plus, se versa autant de sang que de sueur. Deux millions d'Indiens étaient morts de 1500 à 1540 : on admet généralement que, de 1720 à 1789, vingt-cinq mille esclaves noirs, en moyenne, mouraient à Saint-Domingue, chaque année. Des mères tuaient leurs enfants pour que ceux-ci ne devinssent point des bêtes de labour. La colonie de Saint-Domingue fut naturellement très florissante et très riche ainsi que disent les économistes pour qui la richesse est tout et l'homme rien. Pour chaque esclave qu'on amenait en Amérique, trois ou quatre hommes, en moyenne, étaient tués en Afrique. Au XVIIe siècle, la Russie n'était pas un pays beaucoup plus civilisé que les pays d'Afrique visités par les Portugais et les Espagnols. Si ceux-ci, au lieu de faire la traite, avaient été de bons chré-

(1) Voir Paul-Leroy Beaulieu. *De la colonisation chez les peuples modernes.*

tiens, l'Afrique aurait été civilisée peut-être avec autant de douceur et d'humanité que la Russie ; le préjugé de couleur n'aurait peut-être jamais existé ; les savants d'Europe n'auraient point tant écrit que le noir n'est ni un cerveau, ni une âme, mais une machine qui parle. Même, au XIXe siècle, les partisans de l'esclavage ont fait soutenir que les os de l'homme noir sont plus blancs que les os des autres hommes (Meckel) ; que son angle facial n'est pas semblable à celui des Aryens (Camper) ; qu'il n'a pas de mollets (Blumenbach) ; que son muscle pédieux n'est pas développé ; qu'il a l'humérus long, peu de frontal, beaucoup d'occipital ; que la vastité de son poumon n'est pas ce qu'elle aurait dû être (Pruner Bey) ; que, par conséquent, ce n'est pas un homme. La force a toujours primé le droit ou la religion : toutes les fois qu'il s'est trouvé en contradiction avec les intérêts des puissants, l'Évangile a été lettre morte; la Révolution Française n'a été le triomphe du droit que parce que le droit était fort. Les circonstances et les événements portèrent les serfs de France à donner la liberté aux esclaves de Saint-Domingue ; toutefois, en ce qui touche ceux-ci, Bonaparte voulut défaire ce que la Convention Nationale avait fait. Des écrivains français, entre autres Lanfrey, Michelet, Mario Proth, ont affirmé qu'en l'envoyant à Saint-Domingue, le général Bonaparte, ayant déjà l'intention de ressaisir le sceptre de Charlemagne, ne songeait qu'à se débarrasser de l'armée du Rhin, la trouvant trop républicaine. L'armée de Saint-Domingue ne devait pas édifier en Haïti ce qu'elle avait détruit en Europe, et la nation haïtienne naquit le 1er janvier 1804.

II

Les flibustiers, ou les boucaniers, fondèrent des établissements agricoles, puis des villes, dans cette partie de l'île d'Haïti qu'ils appelaient le *Nord* et qui a gardé ce nom mais, légalement, la colonisation française de Saint-Domingue ne commença qu'avec le XVIIIe siècle. En effet, c'est par le traité de Ryswick, signé en 1697, que l'Espagne cède à Louis XIV la moitié occidentale de l'île d'Haïti. En 1789, la colonie française de Saint-Domingue était divisée en trois parties : la partie du Nord, la partie de l'Ouest, la partie du Sud ; ces parties se subdivisaient en sénéchaussées et ces sénéchaussées en paroisses. Le gouverneur de Saint-Domingue était alors Louis-Antoine Thomassin, comte de Peinier, gouverneur général des Iles Françaises de l'Amérique Sous le Vent ; de Vincent était commandant en second de la partie du Nord ; de Coustard, commandant en second de la partie de l'Ouest ; de Fontanges, commandant en second de la partie du Sud. L'inspecteur général des frontières, le vicomte de Choiseul, résidait au Cap. Le siège officiel du gouvernement était à Port-au-Prince, dans la partie de l'Ouest : Barbé de Marbois, intendant de toute la colonie de Saint-Domingue, avait sa résidence à Port-au-Prince. Un Comité d'administration institué par arrêt du Conseil d'Etat du roi du 15 juillet 1785 était établi à

Port-au-Prince. Il se composait du Gouverneur général, de l'Intendant, du commandant en second de la partie de l'Ouest, du contrôleur de la marine. Celui-ci se nommait Deschamps et le secrétaire du gouvernement se nommait Roi de Lagrange. Un commissaire général de la Marine ordonnateur, Jauvin, résidait au Cap. Parmi les membres du Conseil supérieur de Saint-Domingue étaient : le comte de Peinier, Gouverneur ; Barbé de Marbois, Intendant ; de Vincent, Coustard, de Fontanges, Sous-gouverneurs ; Touillet, Second Président ; Jauvin, ordonnateur du Cap ; de Loppinot de Beaufort, commandant particulier de Port-au-Prince ; de Poissy, commissaire de la marine. Le Conseil tenait ses assemblées à Port-au-Prince.

Pendant que la France républicaine faisait tête à toute l'Europe, la colonie de Saint-Domingue fut livrée à la plus complète anarchie. L'Espagne était en guerre contre la France, les Bourbons descendants de Philippe V ayant fait cause commune avec la coalition. L'Espagne se détacha de la coalition après la Toscane et la Prusse quand elle vit que les armées républicaines, victorieuses sur la frontière des Pyrénées, menacaient Madrid. Manoël Godoy, Prince de la Paix, favori de la reine, régnait en maître à Madrid quand l'Espagne traita avec la France et la paix de Bâle, signée le 28 juillet 1795, donna à la République Française la partie espagnole de Saint-Domingue. Toutefois, ce ne fut que le 28 janvier 1801 que Toussaint Louverture, Gouverneur général de la partie française de Saint-Domingue, prit possession de la partie orientale au nom de la France. La remise de la ville de Saint-Domingue lui fut faite par don Joachim Garcia. « Le 23 février 1801, l'ancien gouverneur « espagnol, don Joachim Garcia, quittait la « vieille ville de Barthélemy Colomb et prenait la « mer à bord de l'*Asia* en partance pour la Havane. « La domination espagnole avait vécu. Elle avait « duré trois siècles sur cette terre qui avait bu « le sang de Kaonabo et d'Anakoana et qui avait « été témoin de la vigoureuse résistance du caci- « que Henri, le défenseur du Bahoruco[1] ». Par une loi du Conseil des Cinq-Cents rendue sur le rapport d'Eschassériaux, le 4 brumaire an VI, 25 octobre 1797 (Saint-Remy), ou le 18 brumaire, an VI, 8 novembre 1797 (Ardouin), l'île d'Haïti, devenue tout entière française, fut divisée en cinq départements qui reçurent les dénominations suivantes : le *Nord*, l'*Ouest*, le *Sud*, le *Samana*, l'*Engano*. Ces départements furent divisés en cantons. (Ardouin). Ces divisions et subdivisions indiquées a *priori*, sur le seul examen d'une carte de l'île, témoignaient du peu de connaissances que les législateurs de la Métropole avaient de la topographie de Saint-Domingue. Ainsi, d'après la loi sur les divisions territoriales de Saint-Domingue, rendue en 1797, le département du Sud devait s'étendre jusqu'à la pointe du Lamentin, à quatre lieues de la ville de Port-au-Prince, devenue le siège de l'administration départementale de l'Ouest. Cette division

1. Voir Louis Joseph Janvier. — *La République d'Haïti et ses visiteurs*, pages 598 et 599.

subsista ainsi jusqu'en 1801. (Ardouin, *Histoire d'Haïti*, tome III, page 396). En 1801, Toussaint Louverture fit promulguer une Constitution qui proclamait en fait l'indépendance de Saint-Domingue. L'article 34 de cette constitution était ainsi conçu : « Le Gouverneur scelle et promulgue les « lois ; il nomme à tous les emplois civils et « militaires.

« Il commande en chef la force armée et est « chargé de son organisation ; les bâtiments de « l'État en station dans les ports de la colonie « reçoivent ses ordres. Il détermine la division du « territoire de la manière la plus conforme aux « relations intérieures. Il veille et pourvoit, d'après « les lois, à la sûreté intérieure et extérieure de la « colonie, et attendu que l'état de guerre et un « état d'abandon, et de malaise, et de nullité pour « la colonie, le Gouverneur est chargé de prendre « dans cette circonstance les mesures qu'il croit « nécessaires pour assurer à la colonie les subsis- « tances et approvisionnements de toute espèce ». Conformément à cet article 34, Toussaint Louverture avait le droit de déterminer la division du territoire. Il en usa et fit rendre la loi du 13 juillet 1801 qui divisa l'île en six départements. Ces six grandes divisions territoriales furent : le département du *Sud*, chef-lieu les Cayes ; le département de l'*Ouest*, chef-lieu Port-au-Prince ; le département de *Louverture*, chef-lieu Gonaïves ; le département du *Nord*, chef-lieu le Cap ; le département de *Cibao* autrefois Samana, chef-lieu Saint-Yague ; le département de l'*Ozama* autrefois *Engano*, chef-lieu Santo-Domingo. Le département du *Sud* fut divisé en cinq arrondissements et ces arrondissements subdivisés en quatorze paroisses ; l'*Ouest* en six arrondissements et ces six arrondissements en quatorze paroisses ; le *Louverture* en quatre arrondissements, comprenant quinze paroisses ; le *Nord* en six arrondissements comprenant vingt-quatre paroisses ; le *Cibao* en quatre arrondissements comprenant cinq paroisses ; enfin le département de l'*Ozama* n'avait que trois arrondissements mais contenait treize paroisses. (Madiou, *Histoire d'Haïti,* tome II, page 111). « La « même distribution en arrondissements et en « paroisses n'a pas été toujours maintenue par la « suite: les paroisses ont fait place aux communes ». (Ardouin, page 386). La division du territoire de Saint-Domingue faite d'après les ordres du gouverneur général Toussaint Louverture était des plus rationnelles. Elle était de beaucoup meilleure que celle qu'avait votée le Conseil des Cinq-Cents sur le rapport d'Eschassériaux. La loi du 24 Messidor an IX (15 juillet 1801) sur la division du territoire de la colonie française de Saint-Domingue donne les limites exactes des anciens départements de la ci-devant partie française lesquels, actuellement, forment presque tout le territoire de la République Haïtienne.

Département du Sud. Ce département, à partir de la paroisse des Irois, la plus ouest de l'île, comprend la partie la plus occidentale jusqu'au bourg de Miragoâne, côté Nord, et l'embouchure de la Grande Rivière des Côtes de Fer, côté sud ; la ligne

BIBLIOTHÈQUE NATIONALE RF

entre ces deux points passe entre les paroisses de Saint-Michel et d'Aquin, d'une part, et celle du Petit Goâve et de Baynet, de l'autre; elle est la limite de ce département et de celui de l'Ouest. Le chef-lieu du département du Sud est les Cayes.

Département de l'Ouest. La limite de ce département est, à l'ouest, celle qui lui est commune avec le département du Sud; elle suit, au sud, la côte, depuis l'embouchure de la Grande Rivière des Côtes de Fer jusqu'à la rivière de Neybe qu'elle remonte jusqu'à l'embouchure d'une petite rivière à l'ouest de Saint-Jean de la Maguana; elle suit cette petite rivière jusqu'aux montagnes, d'où elle parcourt une ligne sud et nord jusqu'à la rivière de l'Artibonite, près de Banica; elle descend l'Artibonite jusqu'à son embouchure et, de ce point, suit le développement de la côte de l'ouest jusqu'au pont de Miragoâne. Le chef-lieu de ce département est le Port Républicain, actuellement Port-au-Prince.

Département de Louverture. La limite de ce département part de l'embouchure de l'Artibonite, remonte jusqu'à Banica, d'où elle se rend le plus directement possible au point de jonction de la Capotille avec le Massacre; de ce point, elle s'élève sur les crêtes de la Mine et de Vallière, suit la chaîne des montagnes des Fonds Bleus, venant de Sans-Souci, traverse la montagne Noire de la Grande Rivière, parcourt les anciennes limites françaises et espagnoles, en englobant la Mare à la Roche, passe au haut du Trou, vient à l'habitation Laroque, monte droit la chaîne des montagnes de la Marmelade, passe à l'habitation Bedouret en suivant toujours cette chaîne jusqu'aux limites communes aux paroisses du Borgne, de Plaisance et du Gros Morne, s'étend le long de celle du Gros Morne et du Moustique, aboutit à la Petite Rivière des Côtes de Fer, et de là à la mer. De ce point enfin, elle suit le développement de la côte passant par le Môle Saint-Nicolas, la Plate-Forme, les Gonaïves, jusqu'à l'embouchure de l'Artibonite. Le chef-lieu de ce département est Gonaïves.

Département du Nord. La limite de ce département suit celle du département de Louverture, depuis l'embouchure de la petite rivière des Côtes de Fer jusqu'à Banica, d'où elle se dirige au Nord-Est pour aller chercher les sources du Rebouc ; en suit le cours et va se terminer par une ligne à peu près Sud et Nord à la mer, à environ douze lieues à l'Est de Monte-Christ, et de ce point parcourt la côte, de l'Est à l'Ouest, jusqu'au point d'où elle est partie. Le chef-lieu de ce département est le *Cap Français*, actuellement Cap-Haïtien. « Les limites des départements fixées en « 1801 ont été maintenues, dit Ardouin, par tous « les gouvernements, par toutes les constitutions « publiées dans ce pays (1). Ces lignes contenaient déjà une assertion erronée, en 1853, au moment où leur auteur, qui compila et publia une Géographie d'Haïti, les faisait paraître. Je rectifierai cette erreur dans le cours du chapitre suivant en esquissant à grands traits l'histoire du territoire haïtien de 1804 à nos jours.

(1) Ardouin, *Etudes pour servir à l'Histoire d'Haïti*, 11 volumes, in-8, tome IV, chapitre VI, page 386. Paris, 1853.

CHAPITRE II

De 1804 à 1905

Période Haïtienne

L'armée indigène de Saint-Domingue était représentée tout entière à la cérémonie solennelle de la Proclamation de l'Indépendance d'Haïti, et par ses chefs principaux. Cette cérémonie eut lieu le 1er janvier 1804 dans la ville des Gonaïves. On doit insister sur ce point : la nation haïtienne fut fondée par une véritable Fédération des trois anciennes parties du Sud, de l'Ouest et du Nord. Tous les fédérés en armes et tous ceux qu'ils représentaient jurèrent de vivre libres, indépendants ou de mourir. Le nom de Saint-Domingue fut changé et l'île reprit le nom autochtone d'Haïti (1). Jean-Jacques Dessalines, général en chef de l'armée indigène, fut proclamé gouverneur général d'Haïti avec des pouvoirs dictatoriaux, le 1er janvier 1804. Au mois d'août 1804, le titre de gouverneur général fut changé par les généraux haïtiens en celui

(1) Presque tous les noms de lieux de la République haïtienne sont absolument les mêmes que ceux de l'ancienne Saint-Domingue. Quelques-uns n'ont été que modifiés : le Fort Dauphin est devenu Fort Liberté et le Cap Français, Cap Haïtien. (Voir *République d'Haïti et ses visiteurs*, par L. J. Janvier).

d'Empereur qu'ils conférèrent à Dessalines. A la date du 20 mai 1805 Jacques Ier, empereur d'Haïti, accepta et sanctionna la première constitution d'Haïti. L'Empire d'Haïti, fondé en 1805 fut tout militaire. Les Néo-Haïtiens avaient eu lieu d'appréhender que, vainqueur de l'Europe et maître de la mer, Napoléon Ier ne manquerait pas d'envoyer une nouvelle armée contre eux. Aussi ne doit-on pas demeurer étonné de voir que l'article 28 des dispositions générales de la Constitution haïtienne de 1805, soit ainsi conçu : « Au premier coup de canon d'alarme, les villes disparaissent et la nation est debout. » La proclamation de l'Empire de Napoléon Ier eut lieu le 18 mai 1804 et, le 2 décembre de la même année, le nouveau Charlemagne ceignit la couronne d'Empereur. Il pensait à franchir le fossé qui le séparait des côtes de l'Angleterre plutôt qu'à tout autre chose et il tenait dans la main 150,000 hommes prêts pour ce duel homérique. Des plages de Boulogne, de Wimereux, d'Ambleteuse, l'armée française se dirigea tout entière vers les bords du Rhin et du Danube. Ulm, Trafalgar, Austerlitz, sont de grands souvenirs de 1805. L'Autriche signa le traité de Presbourg le 26 décembre 1805. Pendant que Napoléon organisait la confédération du Rhin, créait les royautés vassales, les grands fiefs militaires, la nouvelle noblesse « d'origine plébéienne qui avait trouvé ses parchemins sur les champs de bataille ; » (Duruy), pendant que Pitt mourait, tué par Austerlitz, que Fox le suivait dans la tombe ; que la Prusse se faisait battre à Iéna et à Auerstaedt en octobre 1806 l'ancienne Saint-Domingue fut oubliée. Le fameux décret de Berlin en date du 21 novembre 1806, établissant le Blocus continental, dirigé contre l'Angleterre, l'exaspéra, la rendit implacable. Trafalgar avait eu lieu, et l'Angleterre régnait réellement sur les vagues. Dès 1805, Dessalines rendit un décret par lequel il organisa administrativement l'Empire militaire d'Haïti.

Décret qui fixe les circonscriptions militaires du territoire d'Haïti.

Au Cap, le 18 juillet 1805, an II

Jacques, Empereur 1er d'Haïti, etc. ;

Voulant satisfaire à l'article 15 de la constitution,

Décrète que le territoire d'Haïti est distribué en six divisions militaires suivant le mode ci-après déterminé :

DIVISIONS MILITAIRES

PREMIÈRE DIVISION DU NORD

Premier arrondissement : Le Môle, Jean Rabel, le Port de Paix, chef-lieu d'arrondissement, commandé par un général de brigade, Saint-Louis, Le Borgne, la Tortue.

Deuxième arrondissement : Le Port Margot, le Limbé, chef-lieu de division, l'Acul, la Marmelade, chef-lieu d'arrondissement, commandé par un général de brigade, Saint Raphaël, Dondon.

DEUXIÈME DIVISION DU NORD

Premier arrondissement : Le Cap, chef-lieu de division, la Petite-Anse, le Quartier-Morin, Sainte-Suzanne, la Plaine du Nord, la Grande-Rivière, chef-lieu d'arrondissement, commandé par un général de brigade.

Deuxième arrondissement : Valière, le Terrier-Rouge, le Trou, Bayaha, chef-lieu d'arrondissement, commandé par un général de brigade, Ouanaminthe, Limonade, Laxavon, Monte-Christ, les Isabelliques, Porto-Plate, Samana, la Moyne, Saint-Yague, la Véga, le Cotuy.

PREMIÈRE DIVISION DE L'OUEST

Premier arrondissement : Le Gros-Morne, Terre-Neuve, Plaisance, d'Ennery, Saint-Michel, Hinche, les Gonaïves, chef-lieu d'arrondissement, commandé par un général de brigade.

Deuxième arrondissement : Dessalines, chef-lieu de l'Empire, les Verrettes, Saint-Marc, chef-lieu de division, l'Arcahaye, le Mirebalais, chef-lieu d'arrondissement, commandé par un général de brigade, Lascahobas, Banique, Lamatte, San Juan, Azua, Banica, Santo-Domingo, Monte Plata, Neybe, Higuey.

DEUXIÈME DIVISION DE L'OUEST

Premier arrondissement : La Croix des Bouquets, le Port au Prince, chef-lieu de division et d'arrondissement, Leogane, chef lieu d'arrondissement, commandé par un général de brigade, le Grand-Goâve, le Petit-Goâve.

Deuxième arrondissement : Baynet, Jacmel, chef-lieu d'arrondissement, commandé par un général de brigade, les Cayes, Jacmel, Neybe.

PREMIÈRE DIVISION DU SUD

Premier arrondissement : Aquin, chef-lieu d'arrondissement, commandé par un général de brigade, Saint-Louis, Cavaillon.

Deuxième arrondissement : Les Cayes, chef-lieu de division et d'arrondissement, commandé par un général de brigade, Torbeck, Port-Salut, les Coteaux, le Cap-Tiburon.

DEUXIÈME DIVISION DU SUD

Premier arrondissement : Saint-Michel, l'Anse-à-Veau, chef-lieu de division et d'arrondissement, commandé par un général de brigade, le Petit Trou.

Deuxième arrondissement : Le Corail, Jérémie, chef-lieu d'arrondissement, commandé par un général de brigade, les Abricots, le Cap Dame Marie.

Fait et arrêté en notre palais impérial du Cap, le 18 Juillet 1805, an II, de l'Indépendance d'Haïti et de notre règne le 1er.

Signé : DESSALINES.

par l'Empereur,

Le Secrétaire-Général, signé : Juste CHANLATTE.

Par un décret daté du Cap, le 28 juillet 1805 et que contresigna le général Bazelais, chef de l'état-major général, furent promus : Au grade de général en chef de l'armée d'Haïti, le général de division Henri Christophe ; Au ministère des finances et de l'intérieur, le général de division André Vernet ; Au grade de général de division, ministre de la guerre et de la marine, le général de brigade Étienne Élie Gérin ; Au grade de général de division, commandant la première division du Nord, le général de division Paul Romain ; Au grade de général de division, commandant la seconde division du Nord, le général de brigade François Capoix ; Au grade de commandant en chef de la première division de l'Ouest, chef-lieu de l'Empire, le général de division Louis Gabart ; Au grade de commandant en chef de la deuxième division de l'Ouest, le général de division Alexandre Pétion ; Au grade de commandant en chef de la première division du Sud, le général de division Nicolas Géffrard ; Au grade de général de division et de commandant en chef de la deuxième division du Sud, le général de brigade, Jean-Louis François.

Dessalines fut tué le 17 octobre 1806. Une nouvelle Constitution fut votée à Port-au-Prince le 27 décembre 1806. Elle dispose, en son titre II, article 29, que « l'Ile d'Haïti ci-devant appelée « Saint-Domingue avec les îles adjacentes qui en « dépendent, forme le territoire de la République « d'Haïti » ; en son article 30, que « le territoire de la République est divisé en quatre départements, savoir : les départements du Sud, de l'Ouest, de l'Artibonite ci-devant Louverture et du Nord ; que les autres départements seront désignés par le Sénat qui fixera leurs limites ». L'article 31 disposa que « les départements du Sud, de l'Ouest, de l'Artibonite et du Nord, conserveraient leurs limites telles qu'elles étaient fixées par la loi de l'assemblée centrale de Saint-Domingue, en date du 15 juillet 1801, sur la division du territoire » ; l'article 32 divisa les départements en arrondissements et subdivisa les arrondissements en paroisses : le Sénat fixerait le nombre des arrondissements et des paroisses et désignerait leurs limites respectives. Le Sénat pouvait changer et rectifier les limites des départements, des arrondissements et des paroisses dès qu'il le jugerait convenable. L'article 42 de la Constitution de 1806 donnait au Sénat « la faculté de nommer tous les fonctionnaires civils et militaires, de déterminer leurs fonctions et le lieu de leur résidence ». Conformément à cet article, au cours de la séance du 18 janvier 1807, le général Alexandre Pétion fut élu par le Sénat au commandement du département de l'Ouest. Il réunit 16 voix sur 17 votants, le dix-septième vote ayant été donné au général Paul Romain. Un autre tour de scrutin eut lieu pour la nomination d'un titulaire au commandement du département du Sud. Le général Yayou n'ayant obtenu qu'une voix tandis que seize fois le nom du général Etienne Elie Gérin sortit de l'urne, ce dernier fut déclaré commandant en chef du département du Sud. Par un arrêté sénatorial du 21 janvier 1807, ces commandants de départements furent provisoirement chargés de la police des villes et des campagnes. Le 9 mars 1807, le général Pétion fut élu président d'Haïti pour quatre années. En réalité, il ne fut jamais président que des départements de l'Ouest et du Sud et encore, ce dernier échappa à son autorité en 1810, au retour de Rigaud en Haïti et ne rentra dans le giron de la République qu'en 1813, après la mort du même Rigaud arrivée en 1812. Le président Pétion, par un arrêté du 5 décembre 1808, déclara les commandants d'arrondissements indépendants les uns des autres et leur ordonna de rendre compte directement au Pouvoir Exécutif de toutes leurs opérations. Déjà par une loi du 4 avril 1808, le Sénat avait distingué les commandements de place en trois classes. Conformément à cette loi du 4 avril 1808, les commandants de place furent désignés dans un arrêté du 10 décembre 1808, signé par le président Pétion, et que contresigna le Secrétaire d'Etat, Bonnet : Port au Prince, Cayes, sont de première classe ; Jacmel, Jérémie, Mole Saint-Nicolas, de deuxième classe ; Mirebalais, Léogane, Petit Goâve, Anse à Veau, Aquin, Saint-Louis, Tiburon, Dame Marie, Corail, Croix des Bouquets, les Abricots, de troisième classe.

« Les autres communes de la République », dit le décret, « ne sont considérées que comme des postes militaires, et les commandants seront payés suivant leur grade, et il leur sera alloué un secrétaire qui recevra huit gourdes par mois d'appointements. Les commandants de cantons, de communes qui ont un commandement particulier, seront sous les ordres et la surveillance du commandant de la commune (1) Parallèlement à l'existence de cet état de choses dans l'Ouest et dans le Sud il y eut une administration différente dans le Nord et dans l'Artibonite. Ces deux départements s'étaient détachés de l'autorité du Sénat de Port-au-Prince, le considérant sorti d'élections illégales, et avaient formé d'abord la République, puis le royaume du Nord. La Constitution par laquelle Christophe organise l'Etat du Nord est en date du 17 février 1807. Une loi du 25 février de la même année divise le territoire de l'île entière d'Haïti, avec ses petites îles adjacentes, en cinq provinces au lieu des six divisions militaires de 1805, et subdivise ces provinces en arrondissements. Chacune de ces provinces était commandée par un *lieutenant-général* et chaque arrondissement par un *maréchal de camp*. Les formes monarchiques apparaissaient dans cette seule dénomination des généraux comme dans les

(1) *Commune, place, paroisse* sont choses peu distinctes. Pendant la colonisation française, le terme *place* est essentiellement militaire. Il désigne surtout la ville où réside le commandant de la paroisse. *La commune* c'est la circonscription territoriale, administrative et politique, qui entoure la ville et en dépend. La *place* lui donne son nom ou elle donne son nom à la place. *Paroisse* était un terme d'administration à la fois civile, militaire et religieuse qui était usité sous l'ancien régime beaucoup plus que le mot *commune*. Aujourd'hui en Haïti *commune* a remplacé *paroisse*, administrativement, mais *paroisse* existe au point de vue religieux. Plusieurs *paroisses* peuvent exister dans la même *commune* mais une *commune* n'a jamais qu'une seule *place*. On ne doit pas confondre *place* synonyme de ville avec *place* maison du gouverneur particulier de la ville et de la commune et *place d'Armes* lieu de réunion des troupes de ligne et des milices.

provinces, au lieu de départements, dans les surintendants-généraux au lieu de secrétaires d'État ou ministres. » (Ardouin, tome VI.) En 1811, l'État que Christophe fonda dans le Nord d'Haïti, fut franchement et solennellement déclaré royaume d'Haïti. A la vérité, encore que le roi Henri Ier eut divisé le territoire entier de l'île en cinq provinces, cette division ne fut faite que sur le papier : en effet, il ne régna jamais que sur la partie de l'île d'Haïti, circonscrite par une ligne fictive tirée de l'embouchure de la rivière du Massacre jusqu'à deux lieues environ au nord de l'Arcahaie, parcourant toute la côte et allant rejoindre dans l'intérieur les limites de la partie espagnole. Le royaume de Christophe, dont la capitale était le Cap, se divisait comme suit, en 1817 :

Province du Nord

Première division du Nord : deux arrondissements. *Premier arrondissement* : Grande-Rivière, chef-lieu ; *Paroisses* : Sans-Souci, Quartier-Morin, Limonade, Grande-Rivière, Sainte-Suzanne, Dondon et Marmelade. *Deuxième arrondissement.* Fort-Royal chef-lieu ; *Paroisses* : Fort-Royal, Ouanaminthe, Vallière, Terrier Rouge et le Trou.

Deuxième division du Nord : deux arrondissements. *Premier arrondissement* : Limbé, chef-lieu ; *Paroisses* : Plaine du Nord, l'Acul, Limbé, Plaisance, Borgne, Port Margot, Gros-Morne. *Deuxième arrondissement* : Jean-Rabel, chef-lieu ; *Paroisses* : Saint-Louis, la Tortue, Port de Paix, Jean-Rabel, Môle Saint-Nicolas et Bombarde.

PROVINCE DE L'OUEST

Première division : 2 arrondissements. *Premier arrondissement* : Petite Rivière de l'Artibonite chef-lieu ; *Paroisses* : Saint-Marc, Verrettes, Petite-Rivière, Mirebalais et l'Arcahaie. *Deuxième arrondissement* : Gonaïves, chef-lieu; *Paroisses :* Gonaïves, Ennery et Terre-Neuve (1).

De même que l'empire de Dessalines, la République de Pétion et le royaume de Christophe furent administrés militairement. La Constitution de 1816 laissa intacts les articles du titre II de la Constitution de 1806. Pelion meurt en 1818 et Boyer le remplace au fauteuil présidentiel dans l'Ouest et le Sud. Deux ans après, en octobre 1820, Christophe meurt à son tour : l'ancien royaume du Nord et la République du Sud-Ouest ne formèrent plus qu'un seul Etat républicain sous le gouvernement du président Jean-Pierre Boyer. En 1822, la partie orientale d'Haïti se soulève contre sa métropole et unit ses destinées à celles de la ci-devant partie française. Il en fut ainsi jusqu'en 1844. De 1822 à 1844, l'île d'Haïti se divisait en départements, ces départements se subdivisaient en arrondissements, ces arrondissements en communes, et ces communes en sections rurales. Boyer eut la finesse de ne pas mettre de commandant en chef à la tête d'aucun département. Il

(1) Voir l'*Almanach Royal d'Haïti*, imprimé et publié au Cap, pour l'année 1817.

plaça au chef-lieu de chaque arrondissement un commandant d'arrondissement lequel correspondait directement avec le Gouvernement central. Au-dessous de ces administrateurs politiques supérieurs étaient les commandants de communes, qui, eux aussi, administraient militairement. Un officier de police rurale, relevant du commandant de la commune, était l'agent du gouvernement dans chaque section rurale. De 1822 à 1844, la République d'Haïti comptait six départements : le Sud, l'Ouest, l'Artibonite, le Nord, le Nord-Est et le Sud-Est. Les six départements se subdivisaient en vingt-sept arrondissements ; les vingt-sept arrondissements en soixante-seize communes et trente-quatre quartiers et paroisses (1).

Département du Sud. — Ce département s'étendait de la pointe des Irois, le plus ouest de l'ile et comprenait la partie la plus occidentale jusqu'au pont de Miragoâne, côté nord, et jusqu'à l'embouchure de la grande rivière des Côtes de Fer, côté Sud. La ligne entre ces deux points, passant entre les paroisses de Saint-Michel et d'Aquin, d'une part, et celles du Petit Goâve et de Bainet, de l'autre, constitue la limite de ce département et de celui de l'Ouest. Le département du Sud avait pour chef-lieu les Cayes ; les arrondissements, communes,

(1) En vertu de l'article 6 de la loi du 17 octobre 1821, *la commune* était la ville ou bourg ou résidaient un commandant de place et de la commune, un juge de paix, un conseil des notables, etc. *La paroisse* était un bourg qui possédait une église. *Le quartier* était un bourg et sa circonscription territoriale qui n'était ni *commune* ni *paroisse*.

paroisses et quartiers dont les noms suivent formaient son territoire :

Premier arrondissement : Les Cayes, chef-lieu ; *Communes* : le Port-Salut, les Coteaux ; *Paroisse* : Torbeck ; *Quartiers* : La Roche à Bateaux, Les Anglais, Les Charbonnières, Port à Piment.

Deuxième arrondissement : Anse d'Hainaut, chef-lieu ; *Communes* : Tiburon, Dalmarie ; *Quartiers* : les Irois, la Petite-Rivière de Dalmarie.

Troisième arrondissement : Jérémie, chef-lieu ; *Communes* : les Abricots, le Corail ; *Quartiers* : Petit-Trou des Roseaux, Trou-Bonbon, Anse du Clerc, Pestel.

Quatrième arrondissement : Aquin, chef-lieu ; *Communes* : Saint-Louis, Cavaillon ;

Cinquième arrondissement : Anse-à-Veau, chef-lieu ; *Communes* : Le Petit-Trou, Miragoâne ; *Paroisses* : Les Baradères, Saint-Michel du Fond des Nègres ; *Quartiers* : Petite Rivière de Nippes, l'Asile de l'Anse-à-Veau.

Département de l'Ouest

La limite du département de l'Ouest était, à l'ouest, celle qui lui était commune avec le département du Sud ; elle suivait au sud, la côte, depuis l'embouchure de la grande rivière des Côtes de Fer jusqu'à la rivière de Neybe qu'elle remontait, jusqu'à la rencontre d'une petite rivière à l'Ouest de Saint-Jean de la Maguana ; elle suivait cette petite rivière jusqu'aux montagnes d'où elle parcourait une ligne sud et nord jusqu'à la rivière de l'Artibonite près de Banica ; elle descendait l'Artibonite jusqu'à son embouchure, et, de ce point, suivait le développement de la côte de l'Ouest jusqu'au pont de Miragoâne. Port au Prince, capitale de la République, était aussi le chef-lieu du département de l'Ouest. Ce département se subdivisait en cinq arrondissements :

PREMIER ARRONDISSEMENT : Port-au-Prince, chef-lieu ; *Communes* : Croix des Bouquets, Arcahaie ; *Paroisse* : Les Grands Bois.

DEUXIÈME ARRONDISSEMENT : Jacmel, chef-lieu ; *Communes* : Bainet, Marigot ; *Paroisses* : Cayes, Jacmel ; *Quartiers* : Côte de Fer, Sale-Trou.

TROISIÈME ARRONDISSEMENT : Léogane, chef-lieu ; *Communes* : Grand-Goâve, Petit-Goâve.

QUATRIÈME ARRONDISSEMENT : Mirebalais, chef-lieu ; *Commune* : Làs Cahobas.

CINQUIÈME ARRONDISSEMENT : Saint-Marc, chef-lieu ; *Communes* : Petite-Rivière de l'Artibonite, les Verrettes (1).

DÉPARTEMENT DE L'ARTIBONITE

La limite du département de l'Artibonite part de l'embouchure de l'Artibonite, la remonte jusqu'à Banica, d'où elle se rend le plus directement possible au point de jonction de la Capotille avec le Massacre ; de ce point elle s'élève sur les crêtes de

(1) Une partie de la commune de Saint-Marc, telle qu'elle était limitée par la loi du 17 octobre 1821, entrait dans le département de l'Artibonite dans lequel rentrait aussi, en son entier, la commune de la Petite-Rivière de l'Artibonite (Ardouin, *Géographie d'Haïti*).

la Mine et de Vallière, suit la chaîne des montagnes des Fonds Bleus, venant de Sans-Souci, traverse la Montagne Noire de la Grande-Rivière, parcourt les anciennes limites françaises et espagnoles, en englobant la Mare à la Roche, passe au haut du Trou, vient à l'habitation Laroque, monte droit la chaîne des montagnes de la Marmelade, passe à l'habitation Bédouret, en suivant toujours cette chaîne jusqu'aux limites communes aux paroisses de Borgne, de Plaisance et du Gros-Morne, s'étend le long de celles du Gros-Morne et du Moustique et aboutit à la petite rivière des Côtes-de-Fer, et de là à la mer. De ce point enfin, elle suit le développement de la côte passant par le Môle-Saint-Nicolas, la Plate-Forme, les Gonaïves, jusqu'à l'embouchure de l'Artibonite. Le département de l'Artibonite a pour chef-lieu les Gonaïves et comprend trois arrondissements :

Premier arrondissement : Gonaïves, chef-lieu ; *Communes :* Ennery, Gros-Morne, Terre-Neuve ; Quartier : Marchand ou Dessalines.

Deuxième arrondissement : Le Môle-Saint-Nicolas, chef-lieu ; *Commune :* Bombardopolis.

Troisième arrondissement : La Marmelade, chef-lieu ; *Communes :* Hinche, Saint-Michel-de-l'Atalaye (1).

(1) Par une bizarrerie administrative, les communes de Plaisance et de Banica, ainsi que la paroisse de Saint-Raphaël, de même qu'une portion de la commune de Dondon, relevaient de commandants d'arrondissement des départements du Nord et du Sud-Est, tandis que, territorialement, elles faisaient partie du département de l'Artibonite. (Voir Ardouin, *Géographie d'Haïti.*)

Département du Nord

La limite de ce département suit celle du département de l'Artibonite depuis l'embouchure de la petite rivière des Côtes-de-Fer jusqu'à Banica, d'où elle se dirige au Nord-Nord-Est pour aller chercher les sources du Rebouc, en suit le cours, et va se terminer par une ligne à peu près sud et nord à la mer, à environ douze lieues à l'est de Monte-Christ, et de ce point parcourt la côte de l'Est à l'Ouest jusqu'au point d'où elle est partie.

Le département du Nord a pour chef-lieu le Cap Haïtien : il comprend huit arrondissements.

Premier arrondissement : Cap Haïtien, chef-lieu ; *Communes* : La Petite Anse, l'Acul du Nord ; *Paroisses* : Plaine du Nord, Milot ou Sans-Souci, Limonade ; *Quartier* : Le quartier Morin.

Deuxième arrondissement : Port de Paix, chef-lieu ; *Communes* : Saint-Louis du Nord, Jean Rabel.

Troisième arrondissement : Le Borgne, chef-lieu ; *Commune* : Port-Margot.

Quatrième arrondissement : Plaisance, chef-lieu ; *Commune* : Le Limbé.

Cinquième arrondissement : Grande Rivière du Nord, chef-lieu ; *Communes* : Dondon, Vallière ; *Paroisse* : Saint-Raphaël ; *Quartier* : Sainte-Suzanne.

Sixième arrondissement : Le Trou, chef-lieu.

Septième arrondissement : Le Fort-Liberté, chef-lieu ; *Commune* : Ouanaminthe ; *Paroisse* : Le Terrier Rouge ; *Quartiers* : Jacquezy, Laxavon.

Huitième arrondissement : Monte-Christe, chef-lieu.

Département du Nord-Est

La limite de ce département suit celle du département du Nord, depuis la mer jusqu'au point seulement où elle rencontre la plus haute élévation des montagnes de Cibao, ensuite la chaîne de ces montagnes jusqu'à celle où la rivière Sévico prend sa source, descend cette rivière jusqu'à celle de la Yuna et de là à la mer dans la baie de Samana. Elle embrasse la presqu'île de Samana et court le long de la côte, allant de l'est à l'ouest jusqu'au point de la limite commune avec le département du Nord. Le département du Nord-Est, ci-devant Cibao, a pour chef-lieu San Yago, et comprend deux arrondissements. Premier arrondissement : San Yago, chef-lieu ; *Communes* : Cotuy, la Véga, Macory, les Matas de la Sierra et Moca. *Paroisse* : Amina ;

Deuxième arrondissement : Puerto-Plata, chef-lieu ; Paroisse : Altamira :

Département du Sud-Est

La limite de ce département part du point où celle du département du Nord cesse d'être commune avec celle du département du Nord-Est ; elle suit de l'Ouest à l'Est celle du département du Nord-Est jusqu'à la baie de Samana, la côte Sud de cette baie jusqu'au Cap Raphaël ; de ce point, le développement de la côte à l'Est et au Sud jusqu'à la rivière de Neybe et se termine à l'Ouest par celle du département de l'Ouest et d'une portion de celle du département de l'Artibonite. Le département du Sud-Est, ci-devant de l'Ozama, a pour chef-lieu Santo Domingo ; il comprend trois arrondissements.

PREMIER ARRONDISSEMENT : Santo Domingo, chef-lieu ; *Communes* : Bani, Saint Christophe, Neybe, Higuey, Samana, Bayaguana, Los Llanos, Monte de Plata ; *Paroisses :* LasMinas, Boya ; *Quartier :* Savana de la Mar.

DEUXIÈME ARRONDISSEMENT : Azua, chef-lieu ; *Commune :* Neybe (1).

TROISIÈME ARRONDISSEMENT : Saint-Jean, chef-lieu ; *Communes*. Farfan de las Matas, Banica (2).

Sous Boyer, l'administration continua d'être confiée à des militaires. En 1825, la France reconnut l'indépendance de son ancienne colonie, moyennant une indemnité de *cent cinquante* millions de francs. Dès lors, Boyer aurait dû introduire en Haïti un système administratif, moins empirique que celui qui consistait à confier à des généraux, dont plusieurs savaient à peine lire et écrire, le soin de veiller à l'exécution des lois votées et des décrets rendus à Port au Prince. Certes, il fallait une armée mais les cadres de cette armée auraient pu être réduits d'une manière régulière. Un système de conscription eut donné au gouvernement une petite armée compacte de composition, homogène, suffi-

(1) Territorialement, Neybe faisait partie du département de l'Ouest tandis que, administrativement, elle dépendait de l'arrondissement d'Azua. (Ardouin. *Geographie d'Haïti*, 1858, page 42.)

(2) La loi du 17 Octobre 1821, n'était qu'une reproduction avec variantes de la loi du 15 Juillet 1801. Ardouin dans sa *Géographie d'Haïti* n'a fait que copier la première et trop nombreux sont les historiens haïtiens qui ont copié Ardouin sans le contrôler.

sante pour veiller au repos public et pour garantir la paix. Boyer n'en fit rien : son entendement était court ; sa vanité était étroite et jalouse. La révolution de 1843 vint le réveiller de la torpeur politique dans laquelle il s'était endormi pendant trop longtemps. Il fut renversé du pouvoir et alla mourir en exil. Une Constituante s'assembla à Port-au-Prince et, le 30 décembre 1843, un nouveau pacte fondamental y fut voté. La Constitution de 1843 dispose, en son titre premier, que : l'Ile d'Haïti et les îles adjacentes qui en dépendent forment le territoire de la République ; que le territoire de la République est divisé en six départements : Le Sud, l'Ouest, l'Artibonite, le Nord, le Cibao, l'Ozama. Leurs limites seront établies par la loi. Chaque département est subdivisé en arrondissements, chaque arrondissement en communes. Le nombre et les limites de ces subdivisions seront déterminées par la loi. Les limites des départements, le nombre et les limites des arrondissements et des communes, ne peuvent plus être changés ou rectifiés que par une loi. La République haïtienne est une et indivisible, essentiellement libre, souveraine et indépendante : son territoire est inviolable et ne peut être aliéné par aucun traité. La Constitution de 1843 disposait aussi que l'administration politique d'Haïti serait confiée à des agents civils ; que ces agents civils seraient assistés de conseils locaux ; que chaque arrondissement a pour chef d'administration un préfet ; chaque commune un maire ; que les attributions de ces fonctionnaires sont à la fois civiles et financières ; que le président de la République nomme et révoque les préfets ; que les maires sont élus par les assemblées primaires. Elle établissait un Conseil par arrondissement ; un Comité municipal par commune. Chaque Conseil d'arrondissement, chaque comité municipal devait être présidé par le chef d'administration, avec voix délibérative. La loi devait régler ces institutions et consacrer l'application les principes suivants :

1° L'élection directe, tous les deux ans, pour la formation du Comité municipal, ou Conseil municipal, ou Conseil communal ; 2° la délégation de membres des comités municipaux, pour former les conseils d'arrondissement ; 3° l'attribution aux comités et aux conseils de tout ce qui est d'intérêt communal et d'arrondissement, sans préjudice de l'approbation de leurs actes, dans les cas et suivant le mode que la loi détermine ; 4° la publicité des séances des comités et des conseils dans les limites établies par la loi ; 5° la publicité des budgets et des comptes ; 6° l'intervention du président de la République ou du pouvoir législatif, pour empêcher que les comités et les conseils ne sortent de leurs attributions et ne blessent l'intérêt général. Enfin, la Constitution de 1843 dispose que la rédaction des actes de l'état-civil et la tenue des registres sont exclusivement dans les attributions des autorités communales ; que les préfets sont salariés par l'Etat ; que les maires sont rétribués par leurs communes respectives. La Constitution de 1843 est la meilleure œuvre des hommes politiques qui renversèrent le gouvernement du président Boyer. En somme, elle ne faisait qu'introduire en Haïti l'administration départementale et l'administration communale, à peu près comme elles existaient en France, pendant le règne de Louis-Philippe. Probablement, elle aurait rendu de grands services à la nation Haïtienne, si elle avait pu en faire l'essai loyal. Elle aurait mis un terme à l'administration militaire : elle ne devait jamais recevoir d'exécution. En janvier 1844, la Constituante venait à peine de recevoir le serment constitutionnel du nouveau président de la République, le général Charles Hérard aîné, que se signait, à Santo-Domingo, un manifeste par lequel la partie Orientale de l'Ile déclarait vouloir se détacher de la partie de l'Ouest. Pendant qu'Hérard marchait sur Santo-Domingo et tentait de ramener au giron de la République, les deux départements du Cibao et de l'Ozama, l'ancien royaume de Christophe veut s'en séparer à son tour pour se constituer en état indépendant (avril 1844). Le général Guerrier y avait été acclamé président. Autant pour prévenir cette scission qu'en haine d'Hérard, Port au Prince et les anciens boyéristes appellent Guerrier à la présidence de toute l'ancienne partie française. Guerrier prit la dictature et suspendit la Constitution de 1843 en mai 1844. « La Constitution de 1843 avait déplu aux partisans de la vieille routine, aux anciens amis du « gouvernement de Boyer et aux militaires. » (1).

Guerrier meurt en 1845, Pierrot qui le remplace

(1). L. J. Janvier. *République d'Haïti et ses visiteurs*. Paris, 1883, page 480.

est renversé en 1846 par une émeute militaire. Riché, qu'on porte à la dictature, remet en vigueur la Constitution de 1816 après l'avoir fait amender et lui avoir fait donner le nom de Constitution de 1846. Le régime militaire était revenu avec Guerrier dans toute sa brutalité. C'était aussi en se servant des militaires que Charles Hérard avait tenté de déchirer la Constitution de 1843, le jour même qu'il devait jurer de la faire respecter. Le Président Riché mourut en mars 1847, et le Sénat lui donna pour successeur le général Faustin Soulouque. Celui-ci devint empereur en 1849 sous le nom de Faustin Ier. Il eut toujours besoin de s'appuyer sur l'armée à l'aide de laquelle il pensait pouvoir réaliser le dessein qu'il avait conçu d'étendre sa domination sur toute l'île. « Le territoire de « l'Empire de Faustin Ier fut divisé en provinces, « arrondissements, paroisses et sections rurales, « administrés par des généraux, des colonels ou « des commandants selon le degré du ressort. » (1). Les provinces étaient partagées en divisions militaires ou arrondissements (Robin). L'Empire tomba en janvier 1859 à la suite d'une insurrection qui éclata aux Gonaïves en décembre 1858 aux cris de *vive la Constitution de 1846 !*... Le président Geffrard, conserva le régime d'administration militaire. En 1859 et en 1860, il fit modifier le Pacte fondamental de 1846 sur des points beaucoup moins importants. Geffrard changea les désignations territoriales : les provinces devinrent des

(1). *Annuaire des Deux-mondes.* Année 1849.

départements. C'était peu. Ce fut surtout avec le concours du militarisme que Geffrard put rester au pouvoir de 1859 à 1867. Quand il en descendit la nation jugea qu'elle avait besoin d'ajouter une nouvelle loi fondamentale à la liste déjà longue de ses Constitutions. Les Constituants de 1867 se disaient animés du libéralisme le plus pur, cependant ils ne songèrent point à remettre en vigueur la Constitution de 1843 et à supprimer purement et simplement le régime d'administration militaire qui avait été le principal instrument dans la main de Geffrard et de ses prédécesseurs pour gouverner sans contrôle ou despotiquement.

La Constitution de 1867 déclare que le territoire de la République est divisé en départements et subdivise les départements en arrondissements. Elle établit un conseil par arrondissement; un conseil communal par commune. Les attributions de ces administrations sont à la fois civiles et financières. Elle dispose que le conseil d'arrondissement est présidé par un citoyen auquel il est donné le titre de président du conseil d'arrondissement, avec voix délibérative; que le conseil de la commune est présidé par un citoyen qui prend le titre de magistrat communal; que ces institutions sont réglées par la loi; que le président d'Haïti nomme les présidents des conseils d'arrondissements, mais qu'il ne peut les choisir que parmi les membres du conseil. Elle pose les principes qui doivent former les bases des institutions d'arrondissements et des institutions communales. Ce sont :

1° L'élection par les assemblées primaires, tous les trois ans, pour les conseils communaux, et l'élection au second degré tous les quatre ans pour les conseils d'arrondissements ; 2° l'attribution aux conseils d'arrondissements et aux conseils communaux de tout ce qui est d'intérêt communal et d'arrondissement, sans préjudice de l'approbation de leurs actes dans les cas et suivant le mode que la loi détermine ; 3° la publicité des séances des conseils dans les limites établies par la loi ; 4° la publicité des budgets et des comptes ; 5° l'intervention du président d'Haïti ou du pouvoir législatif, pour empêcher que les conseils ne sortent de leurs attributions et ne blessent l'intérêt général. Elle place la rédaction des actes de l'État-civil et la tenue de registres dans les attributions des magistrats communaux, sous l'inspection des conseils communaux. Elle dispose que les présidents des conseils d'arrondisements sont salariés par l'État ; que les magistrats communaux sont rétribués par leurs communes respectives. La Constituante de 1867 laissait à la Législative le soin de rendre les lois qui devaient compléter l'organisation des conseils d'arrondissements et des conseils communaux. La Législative n'eut que deux séances. Un coup d'État en ferma les portes le 14 octobre 1867.

De cet acte violent du pouvoir devait sortir une des guerres civiles les plus calamiteuses dont le peuple haïtien ait gardé le souvenir. Elle ne se termina qu'en 1870. Le 19 mars 1870, Nissage Saget fut élu président d'Haïti, mais les Conseils d'arrondissements ne furent point organisés : les

Conseils communaux continuèrent à fonctionner comme avant le vote de la Constitution de 1867. Pendant la présidence de Salnave, c'est-à-dire de 1867 à 1870 et pendant la présidence de Nissage Saget, c'est-à-dire de 1870 à 1874, la division territoriale resta telle qu'elle avait été pendant la présidence de Geffrard, c'est-à-dire de 1859 à 1867. Pendant la présidence de Michel Domingue, lequel fut élu par l'Assemblée Nationale Constituante le 11 juin 1874, la République Haïtienne était divisée en cinq départements.

Chaque département était divisé en arrondissements ; chaque arrondissement en communes ; chaque commune en sections rurales.

Le Département de l'Ouest a 5 arrondissements. *Premier arrondissement :* Port-au-Prince, chef-lieu ; *Communes* : Port-au-Prince, Croix-des-Bouquets, Arcahaie, Pétionville. *Deuxième arrondissement :* Jacmel, chef-lieu ; *Communes* : Jacmel, Bainet, Marigot, Saletrou, Côte-de-Fer. *Troisième arrondissement :* Léogane, chef-lieu ; *Communes* : Léogane, Grand-Goâve, Petit-Goâve. *Quatrième arrondissement* : Mirebalais, chef-lieu ; *Commune* : Mirebalais. *Cinquième arrondissement* : Las Cahobas, chef-lieu ; *Commune* : Las Cahobas.

Le Département du Sud a six arrondissements. *Premier arrondissement* : Les Cayes, chef lieu ; *Communes* : Cayes, Torbeck, Port-Salut. *Deuxième arrondissement* : Les Coteaux, chef-lieu ; *Communes* : Coteaux, Chardonnières, Port-à-Piment. *Troisième arrondissement* : Aquin, chef-lieu ; *Communes* : Aquin, Cavaillon, Saint-Louis du Sud. *Quatrième arrondissement* : Jérémie, chef-lieu ; *Communes* : Jérémie, Corail, Pestel, les Abricots. *Cinquième arrondissement* : Tiburon, chef-lieu ; *Communes* : Tiburon, Anse d'Hainault, Dalmarie. *Sixième arrondissement* : Anse-à-Veau, chef-lieu ; *Communes* : Anse-à-Veau, Miragoâne, Petite Rivière de Nippes, Petit-Trou de Nippes, Baradères.

Le Département du Nord a sept arrondissements. *Premier arrondissement* : Cap-Haïtien, chef-lieu ; *Communes* : Cap-Haïtien, Milot, Acul du Nord, Limonade, Plaine du Nord. *Deuxième arrondissement* : Fort Liberté, chef-lieu ; *Communes* : Fort Liberté, Ouanaminthe. *Troisième arrondissement* : Marmelade, chef-lieu ; *Communes* : Marmelade, Hinche, Saint-Michel de l'Atalaye. *Quatrième arrondissement* : Le Trou, chef-lieu ; *Communes* : Le Trou, Vallière. *Cinquième arrondissement* : Grande-Rivière du Nord, chef-lieu ; *Communes* : Grande-Rivière du Nord, Dondon. *Sixième arrondissement* : Borgne, chef-lieu ; *Communes* : Borgne, Port-Margot. *Septième arrondissement* : Limbé, chef-lieu ; *Communes* : Limbé, Plaisance.

Le Département du Nord-Ouest a deux arrondissements. *Premier arrondissement* : Port-de-Paix, chef-lieu ; *Communes* : Port-de-Paix, Saint-Louis-du-Nord. *Deuxième arrondissement* : Môle Saint-Nicolas, chef-lieu ; *Communes* : Môle-Saint-Nicolas, Jean Rabel, Bombardopolis.

Le Département de l'Artibonite a trois arrondissements. *Premier arrondissement* : Gonaïves, chef lieu ; *Communes* : Gonaïves, Terre-Neuve, Ennery, Gros-Morne. *Deuxième arrondissement* :

Saint-Marc, chef-lieu ; *Communes :* Saint-Marc, Verrettes, Grande-Saline. *Troisième arrondissement* : Dessalines, chef-lieu ; *Communes* : Dessalines, Petite-Rivière de l'Artibonite.

Le régime administratif militaire continua de fleurir sous la présidence du général Michel Domingue comme il avait fleuri depuis 1805. La Constitution de 1867 fut remise en vigueur au mois de juillet 1876, en même temps que Boisrond Canal arrivait à la présidence de la République. On songea alors seulement à faire passer dans une loi les dispositions de la Constitution de 1867 portant création de conseils d'arrondissement. Le Constituant de 1843 avait prévu que l'administration des arrondissements serait confiée à un représentant du Gouvernement central qui serait un agent civil et qui porterait le titre de *Préfet* ; la Constitution de 1867 disposa en son article 135, que le Conseil d'arrondissement serait présidé par un citoyen auquel serait donné le titre de président du Conseil d'arrondissement avec voix délibérative ; en son article 137 que le Président d'Haïti nommerait les présidents des conseils d'arrondissements mais qu'il ne pourrait les choisir que parmi les membres des conseils élus par les assemblées primaires. Les conseils d'arrondissement créés sous Boisrond Canal auxquels on avait attribué une partie des recettes générales pour les dépenses locales ne remplirent pas leurs fonctions avec toute l'intégrité et tout le patriotisme qu'on en attendait. Partout ou presque partout ils fonctionnèrent mal mais on ne saurait sérieusement soutenir que le Pays en eût fait l'essai loyal car, organisés par une loi du 17 novembre 1876, ils furent supprimés par un décret du gouvernement provisoire siégeant à Port-au-Prince en date du 10 septembre 1879. Le 23 octobre 1879, la Chambre des Députés et le Sénat réunis en Assemblée Nationale élisaient à la présidence d'Haïti le citoyen Louis-Etienne-Félicité Salomon et pour un terme de sept années : une nouvelle Constitution fut votée à Port-au-Prince, le 18 décembre 1879.

Le pacte fondamental de décembre 1879 répète qu'il est établi un conseil communal par commune ; que le conseil de la commune est présidé par un citoyen qui prend le titre de magistrat communal ; que cette institution est réglée par la loi ; que le président d'Haïti nomme les magistrats communaux et leurs suppléants les choisissant parmi les membres élus des dits conseils communaux. Elle dispose que les principes suivants doivent former la base des conseils communaux : 1° l'élection, par les assemblées primaires, tous les trois ans, pour la formation des conseils communaux ; 2° l'attribution aux conseils communaux de tout ce qui est d'intérêt communal, sans préjudice de l'approbation de leurs actes, dans les cas et suivant le mode que la loi détermine ; 3° la publicité des séances des conseils dans les limites établies par la loi ; 4° la publicité des budgets et des comptes ; 5° l'intervention du président d'Haïti ou du pouvoir législatif, pour empêcher que les conseils ne sortent de leurs attributions et ne blessent l'intérêt général. Elle innovait en confiant la rédaction des actes de l'état civil et la tenue des registres à des fonctionnaires spéciaux nommés par le Pouvoir Exécutif et prenant le titre d'Officiers de l'État civil. Elle déclare que les îles adjacentes sont : la Tortue, la Gonave, l'Ile-à-Vaches, les Cayennites, la Navase, la Grande Caye et toutes les autres qui se trouvent placées dans le rayon des limites consacrées par le droit des gens. Elle commit une faute d'autant plus lourde en ne nommant pas la Béate, Alta-Vela, les Frayles, qu'elle réclame la Navase comme haïtienne. Enfin elle divise le territoire de la République en départements ; subdivise le département en arrondissements, les arrondissements en communes.

La Constitution de 1843 établissait en Haïti un régime d'administration civile à la place du régime d'administration militaire auquel on n'avait pas touché depuis la mort de Dessalines. Depuis 1859 et surtout depuis 1867, le Parlement haïtien aurait dû revenir à cette conception politique des hommes de 1843 et diviser Haïti en préfectures et sous-préfectures. Actuellement encore, nombre d'écrivains haïtiens font l'éloge de la Constitution de 1867 et semblent ne pas savoir qu'en fait de libéralisme elle le cède sur tous les points à la Constitution de 1843. Aux yeux de ceux qui savent comment les contrées d'Europe sont administrées, la Constitution de 1867 peut paraître absurde parce qu'elle crée des Conseils d'arrondissements sans créer de préfets et en ne supprimant pas le commandant d'arrondissement : dans tous les pays d'Europe, administrés civilement, c'est le Préfet qui est l'exécutif du Conseil provincial ou départemental.

Le Préfet ne dispose pas des troupes, directement, mais l'officier militaire qui commande les troupes est placé sous l'autorité du Préfet. En somme, l'élément civil prime l'élément militaire ; les prononciamentos deviennent rares ; le caporalisme devient impossible ; les libertés des citoyens les plus riches, les droits des citoyens les plus instruits ne sont pas perpétuellement confisqués par des soldats qui, empereurs constitutionnels ou présidents temporaires, gouvernent en souverains absolus et sans aucun programme tout en étant déclarés irresponsables. Depuis 1876, on aurait pu créer cinq préfectures : de l'Ouest, du Nord, du Sud, de l'Artibonite, du Nord-Ouest. La préfecture de l'Ouest aurait pu être subdivisée en trois sous-préfectures instituées à Jacmel, au Petit-Goâve, au Mirebalais. La préfecture du Nord aurait pu comprendre trois sous-préfectures établies au Trou, au Fort-Liberté, à Plaisance ; la préfecture du Sud aurait pu comprendre trois sous-préfectures établies à Miragoâne, à Jérémie, à Aquin ; la préfecture de l'Artibonite, une sous-préfecture, établie à Saint-Marc ; la préfecture du Nord-Ouest, une sous-préfecture, établie au Môle-Saint-Nicolas. Les chefs-lieux des préfectures auraient pu être fixés à Port-au-Prince, au Cap, à Port-de-Paix, aux Cayes, respectivement. Le nouvel édifice aurait pu être couronné par un Conseil d'État connaissant du contentieux administratif de toute la République et devant lequel le Préfet et les administrés auraient pu en appeler des décisions du Conseil départemental. Le grade militaire le plus élevé aurait pu être celui de colonel, comme dans la République Suisse, et les officiers militaires, commandants effectifs de troupes, auraient pu être placés sous les ordres du Préfet pour marcher à toute réquisition écrite de ce dernier. Les conseils départementaux auraient pu avoir le droit de voter des centimes additionnels aux quatre contributions directes et être chargés de la répartition des impôts directs votés par les Chambres. Les réformes partielles ont ceci de mauvais qu'elles ont tous les désavantages des choses vieilles, des abus antérieurs sans avoir les avantages des réformes radicales. Les quatre contributions directes dont il est ici question sont : la contribution foncière sur les propriétés bâties et sur les propriétés non bâties ; la contribution des portes et fenêtres ; la contribution personnelle et mobilière ; la contribution des patentes, d'après le rôle et celle des patentes supplémentaires. On peut se convaincre en lisant l'ouvrage de Barbé-Marbois : « *Compte par bref état de la colonie de Saint-Domingue pour 1788* », lequel ressemble beaucoup à un budget départemental français de 1904, que les impôts directs fournissaient une grande partie des ressources nécessaires pour couvrir les dépenses publiques de la colonie de Saint-Domingue. Le comte de Barbé-Marbois fut le dernier intendant de Saint-Domingue nommé par Luois XVI.

CHAPITRE III

Demain

La nation haïtienne n'a jamais été gouvernée que par des militaires : général Dessalines, général Pétion, général Christophe, général Boyer, général Charles Hérard, général Guerrier, général Pierrot, général Riché, général Souloque, général Geffrard, général Salnave, général Domingue, général Boisrond Canal, général Salomon, général Légitime, général Hyppolite, général Tirésias Augustin Simon Sam. Plusieurs de ces militaires parvinrent au Pouvoir sans avoir reçu aucune culture civile et, par conséquent, sans avoir aucune idée de l'existence de gouvernements absolument civils. Si des chefs haïtiens qui n'avaient pu parvenir à la première magistrature qu'avec le concours des militaires n'ont pu comprendre quelle énorme différence il existe entre l'administration civile et l'administration militaire d'un pays — différence tout à l'avantage de la première — peut-être appartient-il aux générations haïtiennes du vingtième siècle de doter le pays d'un système d'administration civile. C'est là qu'est la vraie réforme, celle dont peuvent découler toutes les autres : les armes ne le cèdent à la toge que quand la toge est portée par des personnages consulaires qui connaissent les théories aussi bien que les détails des sciences de gouvernement et à qui on donne le pouvoir de les appliquer. L'histoire des institutions haïtiennes prouve des mieux que l'absence d'une administration civile a été *la vraie cause de nos malheurs* depuis 1804. Presque toujours les révolutions qui ont fait des présidents d'Haïti ont eu pour chef suprême un commandant d'arrondissement ou, tout au moins, un militaire. Bien plus que les écrits des penseurs, ces révolutions ont appauvri, bouleversé la famille haïtienne. Cependant, personne ne déteste un soldat qui a fait couler des flots de sang et foule de gens détestent les penseurs dont le seul crime a été d'émettre des idées absolument pareilles aux idées gouvernementales qui sont honorées en Europe. A cette heure où le télégraphe relie toutes les villes de la République à la Capitale, la nécessité d'une administration militaire en Haïti se fait sentir moins que jamais. Sans autorité immédiate sur les troupes, le Préfet d'arrondissement ou l'Intendant d'arrondissement ne serait jamais dangereux. En ne repoussant point des réformes que je recommandais déjà il y a une vingtaine d'années (1) les Haïtiens auraient eu des initiateurs dont l'Histoire vante encore le courage politique et le savoir. On donnait le titre de gouverneur à des fonctionnaires qui avaient reçu du Roi le gouvernement

(1) Voir Louis Joseph Janvier. *La République d'Haïti et ses visiteurs.* Paris, 1883, et Louis Joseph Janvier. *Les Constitutions d'Haïti.* Paris, 1886.

militaire des provinces et des principales villes de l'ancienne France. La toute-puissance du gouverneur alla en croissant et, tout d'abord, servit les intérêts de la Couronne; puis, elle devint un danger pour le Roi lui-même. Pendant les guerres civiles de la Ligue, les gouverneurs de provinces agissaient en maîtres dans leurs gouvernements respectifs; ils rétablissaient à leur profit les anciens privilèges féodaux; ils levaient des troupes; ils percevaient des impôts et rendaient la justice en leur propre nom; ils renouvelaient toutes les usurpations et toutes les tyrannies de l'époque seigneuriale. Sully, puis Richelieu, puis Colbert s'attachèrent à diminuer les pouvoirs des gouverneurs et à augmenter la puissance des intendants. Vers la fin du règne de Louis XIV, les charges des gouverneurs n'étaient plus que des sinécures, mais elles ne furent point abolies et, à la veille de la Révolution, on comptait, en France, quarante gouverneurs généraux préposés à des Gouvernements de provinces ou de territoires et environ quatre cents gouverneurs particuliers préposés à des villes et places fortes. Les gouvernements militaires furent supprimés par la Révolution et ne furent rétablis ni par Napoléon Ier ni par ses successeurs. En 1905, la France ne possède que deux gouvernements militaires, Paris et Lyon, mais à Paris, il y a un Préfet de la Seine et un Préfet de Police; à Lyon, il y a un Préfet du Rhône dont les fonctions sont essentiellement civiles. En Allemagne, il n'y a pas de gouvernement militaire et il n'y en a pas en Russie d'Europe;

seules, les provinces asiatiques de la Russie sont des gouvernements militaires à la tête desquels sont placés des officiers généraux.

En France, à partir du règne de Henri IV, c'est-à-dire immédiatement après les guerres civiles de la Ligue, l'administration des provinces tendit à passer des mains des gouverneurs militaires dans les mains plus souples et plus obéissantes des intendants. Les colonies que les Français fondèrent à partir du XVIIe siècle, au Canada, à Saint-Domingue, aux Iles du Vent, à la Guyane, aux Iles Sous-le-Vent, à la Louisiane furent successivement érigées en gouvernements indépendants et administrées, le plus possible, comme l'était telle province de la Métropole. A côté du Gouverneur de la Colonie, le Roi de France institua le Conseil souverain de la colonie qui ressemblait aux Parlements de la Métropole et plaça l'intendant de justice, police et finances. Au nombre des principales attributions de l'Intendant était celle de dresser le budget de la colonie et de le présenter au Conseil souverain. L'intendant ne faisait pas seulement voter les impôts ; c'était encore lui qui avait la présidence du Conseil souverain ou Parlement colonial. L'intendant était toujours un homme instruit, versé dans la connaissance des lois et des questions de finance : presque toujours, il avait siégé dans un des Parlements de la Métropole ou même dans le Conseil d'Etat du Roi. Rien ne se faisait en dehors de l'intendant : il centralisait dans ses mains toute la direction des affaires coloniales ; il était autorisé à faire tout ce que le Roi lui-même aurait pu faire. Etrangers à la colonie qu'ils administraient, les intendants des colonies se trouvaient dans une dépendance absolue, à l'égard du Roi, car ils n'achetaient pas leur charge à prix d'argent et ne la devaient point à la naissance. Ils étaient révocables d'un moment à l'autre et, ne disposant pas du commandement des troupes, ils ne pouvaient ni fomenter des révoltes ni se mettre à la tête des insurrections. Les fonctions d'un intendant colonial dépassaient de beaucoup celles d'un directeur de l'intérieur ou d'un préfet colonial de nos jours. En février 1791, la Constituante envoya dans les colonies des Commissaires choisis parmi ses membres, leur donnant mission de remplacer les intendants et d'apaiser des troubles occasionnés par les événements qui se déroulaient en France. En août 1791 et en 1792, la Législative envoya aux colonies des Commissaires pris parmi ses membres pour remplacer ceux de la Constituante. A son tour, la Convention expédia aux colonies des Commissaires qui étaient autorisés à exercer une autorité absolument souveraine. Leurs pouvoirs, absolument pareils à ceux des Conventionnels en mission aux armées, sur les frontières de France ou en Vendée, étaient illimités. Les généraux et les officiers militaires de tous grades tremblaient devant eux. Aux Commissaires de la Convention succèdent les *Agents du Directoire*, par application de la Constitution de l'an III, et, après le coup d'Etat du 18 Brumaire, aux *Agents du Directoire* succèdent les *Agents des Consuls*. Quand le général

Bonaparte devint Premier Consul, il concentra l'administration de chaque colonie française dans les mains d'un militaire auquel il donna le titre de Capitaine-Général. Bien que ce régime eût été établi à la Guadeloupe par un arrêté du 19 avril 1801, et à la Martinique par un arrêté du 26 mai 1802, il ne fut établi à Saint-Domingue que par un arrêté du 3 janvier 1803. Au mois de novembre 1803, le capitaine-général Rochambeau remettait la ville du Cap à l'armée révolutionnaire composée des indigènes de Saint-Domingue et, en vertu d'une capitulation en règle, évacuait la colonie. Dès le 1er janvier 1804, les indigènes de Saint-Domingue, réunis en Fédération armée à Gonaïves, proclamaient leur Indépendance nationale dans une cérémonie solennelle et donnaient à leur pays le nom d'Haïti qu'il avait cessé de porter depuis 1493. Il ressort du rapide exposé qui précède que la colonie française de Saint-Domingue ne fut *jamais* administrée militairement. Bon nombre des Haïtiens de 1804 qui, entre 1760 et 1800, avaient vécu au Cap, avaient vu fonctionner le Conseil souverain du Nord, et bon nombre des Haïtiens de 1804 qui, entre 1770 et 1800, avaient vécu à Port-au-Prince, avaient vu fonctionner le Conseil souverain de l'Ouest : ces régnicoles d'une nation nouvelle avaient vu agir l'Intendant et le subdélégué de l'Intendant ; ils savaient comment l'impôt était établi dans l'ancienne colonie de Saint-Domingue ; ils savaient comment il était voté, comment il était réparti et comment il était perçu. Les impôts directs tenaient une place importante dans le système fiscal de la colonie de Saint-Domingue. Des hommes qui sortaient à peine d'un joug humiliant et qui venaient de conquérir simultanément la propriété du sol et l'Indépendance politique n'auraient certainement point refusé de payer des impôts directs en même temps que des impôts indirects si le Gouvernement de la Contrée nouvelle avait exigé le paiement de ces deux espèces d'impôts. On en demeurera d'accord si on se souvient que les Haïtiens de 1804 déclaraient hautement et unanimement qu'ils étaient prêts à tous les sacrifices pour conserver leur Indépendance nationale. La première constitution qu'ils se donnèrent, celle de 1805, contient un article 28 ainsi conçu : « Au premier coup de « canon d'alarme, les villes disparaissent et la « nation est debout ». Les gouvernants militaires d'Haïti, excepté Christophe, n'ont jamais compris ni le rôle de la monnaie d'or comme moyen de gouvernement, ni la valeur de l'or comparée à celle du papier-monnaie comme moyen d'économie politique, ni même la valeur des impôts directs comme moyen de progrès rapide et sûr, comme un infaillible instrument de civilisation. L'impôt direct a pour base un état de choses plus ou moins fixe et permanent : la terre, les constructions, les capitaux de placement. Il est généralement supporté par le contribuable porté au rôle. Les contributions indirectes sont les plus défectueux de tous les impôts : les présomptions qui leur servent de base, telles que la production, la consommation, les importations, les ventes, les exportations, sont de pure convention et ne répondent que fort imparfaitement à la réalité des choses. Les contributions indirectes, s'adressant aux produits de première nécessité, font renchérir les objets indispensables à la subsistance des classes pauvres : elles frappent les besoins plus qu'elles ne frappent la fortune. Elles font le paysan pauvre et le paysan pauvre fait la Nation pauvre. Il faut donc exiger la totalité des revenus budgétaires d'une contrée par l'application simultanée du système des contributions directes et du système des contributions indirectes. En France, les cinq contributions directes sont : l'impôt sur les propriétés bâties et sur les propriétés non bâties, la contribution mobilière, la contribution sur les portes et fenêtres, la contribution des patentes, la taxe de trois pour cent sur les bénéfices et les dividendes des sociétés. Ces cinq contributions directes et les taxes qui leur sont assimilées, constituent une des sources les plus productives des revenus fiscaux de la République Française. Une régie spéciale est chargée de l'administration générale des contributions directes. Elle a sa direction à Paris, au Ministère des Finances, et elle a des agents dans toute la France. A côté d'elle fonctionnent sous la responsabilité parlementaire du Ministre des Finances, trois autres régies financières : l'administration des Douanes, l'administration des Domaines, de l'Enregistrement et du Timbre, l'administration des Contributions indirectes. Dans une contrée comme la France, dont le territoire est, au moins, dix fois plus vaste que le territoire de la République Haïtienne, les finances ne sont nullement décentralisées, comme je viens de le prouver. Du cap des Irois, extrémité occidentale de la République Haïtienne, à Port-au-Prince, la capitale, il n'y a pas quatre-vingts lieues; de Port-au-Prince à la ligne de séparation de la République Dominicaine et de la République Haïtienne, dans le Nord, c'est-à-dire à l'embouchure de la rivière du Massacre dans la baie de Mancenille, entre Monte-Christ et le Fort-Liberté, il n'y a pas quatre-vingt-dix lieues terrestres. Pourtant, la Constitution de 1889, en son article 157, déclare que « les finances de la Républi- « que Haïtienne sont décentralisées ; qu'une loi « fixerait incessamment la portion des revenus « publics afférents au Conseil d'arrondissement ou « aux Conseils communaux ». C'est fort naïf ! La fixation d'une portion des revenus publics aux Conseils départementaux et aux Conseils communaux, en France, ne constitue nullement une décentralisation des finances de la République Française. Ce n'est que par la loi de finances du 18 juillet 1892 que les recettes et les dépenses départementales ou communales ont été éliminées du Budget de l'Etat ; d'autre part, depuis la Révolution Française, il existait, dans le département comme dans la commune, des agents spéciaux pour gérer le patrimoine départemental et le patrimoine communal. Même après le vote de la loi des finances de 1892, c'est une Cour des Comptes, *rendant des arrêts* et c'est le Parlement Français qui contrôlent les finances départementales et les finances communales. C'est encore le Parlement qui, chaque année, fixe la limite des centimes additionnels que les Conseils locaux sont autorisés à établir. Les Constituants haïtiens de 1889 semblent avoir été des législateurs improvisés ou trop grands seigneurs pour daigner comprendre combien plus libérale que la Constitution de 1867 est la Constitution de 1843. Il est vrai aussi qu'ils ne furent point membres d'une Législative après 1889 ; qu'ils ne furent pas ministres pendant longtemps ; qu'ils ne songèrent jamais à organiser les Conseils d'arrondissement ; qu'ils ne décentralisèrent rien du tout ; qu'ils se montrèrent aussi mauvais administrateurs que le Président Salomon qu'ils avaient renversé du Pouvoir, en ne gouvernant que par le Commandant d'arrondissement, l'état de siège en permanence et le Papier-Monnaie. Combien difficile ne serait-il pas de payer des centimes additionnels aux conseils d'arrondissement haïtiens en papier-monnaie ! Comment pourrait-on exiger du contribuable haïtien des centimes additionnels en or et même en argent, quand le principal de l'impôt serait payable en papier-monnaie ? En France, les impôts départementaux sont accolés à ceux de l'Etat ; les taxes perçues au profit des départements consistent exclusivement en centimes additionnels aux contributions directes : ce ne sont nullement des centimes additionnels aux droits de douane ! En 1900, sur 317 millions de francs de recettes départementales, le produit des centimes additionnels aux contributions directes figurait pour cent quatre-vingt-dix millions de francs. Le total des allocations sur les fonds généraux de l'Etat, réparties entre les départements en raison de leur situation financière, formait la différence entre cent quatre-vingt-dix millions de francs et trois cent dix-sept millions de francs.

Le budget des recettes ordinaires du département du Nord pour 1905 s'élève à 11.385.463 francs 57 centimes et le Budget des recettes extraordinaires, à 7.079,170 francs 50 centimes, c'est-à-dire ensemble à 18.464.634 francs 07 centimes. Il y a seize chapitres de recettes : centimes additionnels ordinaires; revenus et produits des propriétés départementales ; produits des expéditions d'anciennes pièces ou d'actes de la préfecture déposés aux archives ; produits de droits concédés au département du Nord ; subventions pour les dépenses du Budget ordinaire ; ressources éventuelles du service vicinal; ressources éventuelles du service des chemins de fer d'intérêt local, des tramways départementaux et des voitures automobiles; remboursement d'avances; reliquats disponibles de l'exercice antérieur sur les recettes du budget ordinaire; centimes additionnels extraordinaires; emprunts; produits des biens aliénés; dons et legs; remboursements des capitaux exigibles et des rentes rachetées; recettes accidentelles; reliquat disponible de l'exercice antérieur sur les produits éventuels extraordinaires autres que les emprunts. Dans le Budget de 1904, et pour la seule ville de Lille, dont la population, suivant le recensement de 1901, est de 215.431 habitants, le montant du principal des quatre contributions directes s'élève à 3.559.077. Le Budget des recettes ordinaires et le budget des recettes extraordinaires de laVille de Lille, chef-lieu du département du Nord, sont réglés, pour l'exercice 1904, à 9.422.130 francs. Les principales recettes ordinaires comprennent : cinq centimes additionnels aux contributions foncières, personnelle et mobilière ; huit centimes sur le principal des quatre contributions directes pour les dépenses de l'enseignement primaire, à rembourser par l'Etat ; deux centimes et demi sur le principal des quatre contributions directes pour l'entretien des chemins vicinaux ; huit centimes de prélèvement sur la contribution des patentes. L'octroi urbain, l'octroi de banlieue et les taxes suivantes sont de faible rendement : la taxe sur les chevaux et voitures dont un vingtième est attribué à la Ville de Lille ; la taxe sur les vélocipédes dont un quart est attribué à la Ville ; la taxe municipale sur les chiens ; la taxe municipale sur les automobiles, voitures, chevaux, mules et mulets ; la taxe municipale sur les cercles et sur les billards ; la taxe municipale sur les propriétés bâties ou non bâties. Les recettes extraordinaires principales sont encore des centimes additionnels : vingt centimes additionnels au principal des quatre contributions directes ; deux centimes quatre-vingt-deux centièmes additionnels au principal des quatre contributions directes pour amortisssment d'un emprunt ; deux centimes douze centièmes additionnels pour amortissement d'un autre emprunt ; deux centimes douze centièmes additionnels pour amortissement d'un troisième emprunt municipal ; une surtaxe sur les alcools, cidres, poirés, hydromels. D'autres petites sources de revenus ordinaires sont : les locations de propriétés communales ; les redevances annuelles pour tolérances accordées sur ou sous la voie publique ; les rentes immobilisées ; la part de la ville dans le montant des saisies et des amendes en matière d'octroi ; les droits de voirie ; les droits de pesage et de mesurage ; les droits de jaugeage au dépotoir public ; les droits de place aux halles, foires et marchés ; les droits de stationnement des bateaux dans les canaux ; les droits perçus dans les abattoirs, les halles et les entrepôts ; les remises allouées par l'Etat aux employés de l'octroi sur le montant des droits perçus au profit du Trésor National. Il faut mentionner pour mémoire les petits revenus provenant de la vente de fumiers, de boues et d'immondices ; de la vente de l'eau potable et de l'eau pour bains à prix réduits ; de la vente des fruits des jardins publics, des catalogues des musées et de la bibliothèque; des concessions dans les cimetières; de l'expédition des actes administratifs et des actes de l'Etat civil ; de la vente du lait de chèvres du Jardin Vauban ; des rétributions scolaires ; des intérêts de fonds déposés au Trésor de l'Etat; des subventions de l'Etat et des subventions du Département du Nord ; des remboursements faits par des communes voisines ; des produits des conventions faites avec des compagnies du Gaz et des Compagnies de l'Electricité ; des fondations pieuses. En France l'administration des contributions indirectes perçoit les droits sur les boissons, sur le sucre indigène, sur le sel, sur les voitures publiques, sur les cartes à jouer et les droits de garantie sur les matières d'argent et d'or. Plusieurs des impositions directes mentionnées plus haut n'existent point en Haïti. Les ministres des finances en Haïti demandent presque tout le revenu public aux douanes seulement. Il y a fort longtemps qu'on aurait dû introduire dans le système fiscal haïtien le monopole de l'alcool ou, tout au moins, des impôts élevés sur les distilleries ; le monopole du tabac, le monopole de la poudre et des armes. Celui-ci surtout s'impose : on aurait dû ne pouvoir acheter de la poudre qu'à Port-au-Prince, et dans une seule boutique de l'Etat. Les impôts directs ont existé dans l'antiquité la plus obscure : ils existaient chez les Grecs et les Romains, chez les anciens Syriens et les anciens Egyptiens. La Bible nous parle souvent de la dîme. Chez les Hébreux, c'était un prélèvement du dixième des produits du sol et des troupeaux au profit du culte et des ministres de l'Eglise. Une espèce de dîme existait à Saint-Domingue pendant le gouvernement de Toussaint Louverture ; une espèce de dîme existait en Haïti sous Dessalines et sous Christophe, au profit de l'Etat. Guy-Joseph Bonnet, qui fut secrétaire d'Etat des finances sous Pétion, raconte dans ses « *Souvenirs Historiques* » comment la dîme d'Etat fut abolie dans les deux départements actuels du Sud et de l'Ouest, entre 1807 et 1810. Il était juste, pourtant, que les terres de l'Etat, distribuées pendant la présidence de Pétion, fussent frappées d'un impôt direct. Supposons que cet impôt eût été voté par le Sénat, ou qu'il eût été décrété par Pétion ! Supposons que depuis 1810, la perception de cet impôt eût servi de modèle pour le vote et la perception d'un impôt foncier, généralisé depuis l'application de la Constitution de 1816 — jusqu'à nos jours ! En France, le produit de la contribution foncière sur les propriétés bâties, pour 1902, a été de plus de 86 millions de francs, les centimes additionnels départementaux ou communaux non compris ; le produit de la contribution foncière sur les propriétés non bâties, pour 1902, a été de 120 millions de francs, non compris les centimes communaux et les centimes départementaux. En France, la contribution personnelle et mobilière existe depuis 1791. Elle fut établie par l'Assemblée Constituante. En 1904, la part revenant à l'Etat dans la perception de cette taxe a été de 72 millions et demi de francs. La contribution des portes et fenêtres, en France, date d'une loi du 4 frimaire an VII, c'est-à-dire votée pendant le Directoire par le Conseil des Cinq Cents et par le Conseil des Anciens. La part revenant à l'Etat dans la perception de cet impôt devait être de 64 millions de francs en 1903. La contribution des patentes existait dans l'ancienne France sous le nom de droits de maîtrise et de jurande. Elle fut rétablie en 1791, supprimée en 1793, rétablie en l'an III. Le produit total de cette contribution était de 24 millions de francs, en 1901, les centimes communaux et les centimes départementaux compris ; la part revenant à l'Etat, en principal et en centimes, était de 134 millions de francs en 1901. La taxe sur les chevaux et voitures qui, en France, est une taxe assimilée aux impôts directs, serait certainement d'un bon rapport en Haïti, aussi bien à l'État qu'aux communes. En France, le montant de la contribution sur les voitures, les chevaux, les mules et les mulets a été de 12.923.000 francs, en principal des rôles primitifs de l'année 1902. Chaque année, le Parlement français fixe, dans le Budget de l'Etat, la part contributive de chaque département dans le montant des trois impôts de répartition : contribution foncière des propriétés non bâties, contribution personnelle et mobilière, contribution des portes et fenêtres. C'est ce qu'on appelle le *contingent*, et le contingent financier de chaque département est distribué entre les arrondissements par le Conseil Général du département ou par le Préfet. Le contingent du département du Nord dans le Budget National de 1905 s'élève à 18.847.496 fr., en principal, pour les quatre contributions directes : contribution des patentes, contribution des portes et fenêtres, contribution personnelle et mobilière, contribution foncière sur les propriétés non bâties et sur les propriétés bâties. Le contingent de chaque arrondissement est notifié au Sous-Préfet par le Préfet; par les soins du Sous-Préfet, il est réparti entre les communes. C'est aussi le Sous-Préfet qui notifie au maire de chacune des communes de l'arrondissement quelle sera la part contributive de sa commune. Enfin, la répartition individuelle est effectuée dans chaque commune par un conseil répartiteur qui se compose du maire, d'un ou de plusieurs conseillers municipaux, de cinq propriétaires. Les répartiteurs prennent pour base la matrice cadastrale et la matrice générale du rôle des contributions. Supposons que ce système eût été établi en Haïti, et depuis 1826, à une époque où le Président Boyer aurait parfaitement pu l'y faire introduire, après avoir créé des conseils d'arrondissement ! Supposons même qu'on l'eût introduit en Haïti pendant la période de paix intérieure qui s'étendit de 1847 à 1859. Supposons encore que le législateur de 1876 eût voté sur ces bases, la loi même du 17 novembre 1876, qui créa les conseils d'arrondissement ! Tout bien considéré, le Budget national des recettes de la République française s'élève, en chiffres ronds, à 3 milliards de francs, en 1889 : le produit total des impôts directs constituait un tiers de cette somme, c'est-à-dire un milliard de francs. Cette étude n'est pas une dissertation académique : elle propose des solutions pratiques et détaillées qui méritent d'être prises en sérieuse considération par les pouvoirs publics si, réellement, nous voulons en finir avec le régime du papier-monnaie. Ce qui distingue l'homme de la brute c'est la notion du passé et la notion de l'avenir. Tout homme qui ne saisit pas la valeur de ces deux notions prouve qu'il n'a point étudié les Sciences d'Etat. Ces sciences s'étudient absolument en dehors ou à part des sciences médicales ! Qu'est-ce que le papier-monnaie ? Un emprunt à jet continu et d'autant plus dangereux que le Gouvernement qui le fait et le Peuple qui le supporte n'en ont presque pas conscience. Aujourd'hui, personne ne peut soutenir sans faire rire de soi que l'économie politique est une science ennnuyeuse et que la théorie du papier-monnaie est fondée sur la science abstraite. Cette théorie est fondée sur une expérience renouvelée cent fois, en Europe, en Asie, en Amérique. Le papier monnaie ne peut circuler que dans l'étendue de la contrée où il est émis : ce n'est qu'un expédient dont un Gouvernement instruit et patriote ne doit se servir que momentanément, avec prudence et modération. Le Président Pétion créa le papier-monnaie et il est mort en 1818 ! Ardouin raconte avec sa malice habituelle que, lors des premières émissions faites par Pétion, des commerçants étrangers établis à Port-au-Prince refusèrent de recevoir du papier-monnaie en paiement de leurs marchandises. Le Président Pétion les ayant menacés de leur retirer leurs patentes respectives, ces commerçants capitulèrent. Ardouin semble croire que ce fut un bon tour que leur joua Pétion. Il va sans dire, pourtant, que ces commerçants étrangers augmentèrent simplement les prix de leurs marchandises vendues en papier-monnaie afin de ne pas perdre sur les ventes de ces marchandises ; afin de faire des remises avantageuses, en denrées haïtiennes, à leurs commettants d'Europe ; afin de pouvoir acheter des traites payables en or sur les marchés européens. En définitive, donc, c'est le paysan haïtien et le bourgeois haïtien qui restent, actuellement encore, les seules victimes de cette habitude du papier-monnaie que nous avons contractée depuis Pétion. Dans chaque échange qu'Haïti fait avec l'étranger, elle perd dix pour cent, cinquante pour cent et quelquefois bien davantage. Ardouin vécut à Paris, de 1848 à 1859, et y publia son ouvrage intitulé : « *Études pour servir à l'histoire d'Haïti* ». C'est un ouvrage extrêmement amusant, bien qu'il soit en onze volumes, non seulement à cause de la mine de renseignements qu'il renferme, mais encore parce que la personnalité de l'auteur perce à chaque page, avec ses qualités et ses défauts. Tout prouve que, jusqu'au moment où il publiait cet ouvrage, Beaubrun Ardouin n'avait pas encore compris quelle grosse faute économique et politique avait commise le gouvernement de Pétion, en créant le papier-monnaie, et quelle longue faute commirent les gouvernements de Boyer, de Faustin Ier, en n'en opérant point le retrait, à tout prix. Ces jugements peuvent paraître sévères mais ils sont justes. Et même, — sans que je veuille nullement célébrer mes aïeux, comme disait Bossuet — je puis démontrer, en passant, que j'ai été élevé dans le culte de Pétion et de Boyer, de Soulouque et de Geffrard : mon père était des amis personnels de l'empereur Faustin Ier et de Geffrard. Pendant plusieurs années, et sous l'empire, Geffrard habitait le Morne-à-Tuf, au Portail de Léogane et c'est de là qu'il partit, en décembre 1858, pour aller se soulever à Gonaïves ; pendant plusieurs années, Faustin Ier allait, au moins une fois par mois, dans le Godet, au Morne-à-Tuf, visiter la Guildive Benjamin qui lui appartenait. Étant né le 7 mai 1855, je n'avais que trois ans et demi quand Soulouque partit pour l'exil : pourtant je me souviens parfaitement de l'avoir vu parler familièrement à mon père, en 1858. Mon père avait sa soute de spéculateur en denrées ou de marchand de café en gros et ses archives de commissaire d'îlet dans une maison à lui, située au Morne-à-Tuf, dans la Grand'Rue, presque au coin de la rue de Penthièvre, vis-à-vis de la maison du général Diomède, à l'ouest, entre la maison de Nicolas Lacocagne, au sud, et celle d'Anozy Dègriez, au nord. J'étais dans cette soute, le plus souvent possible, et, plus d'une fois, j'ai vu Geffrard arrêter son cheval pour y causer avec mon père, entre 1859 et 1867. Mon grand-père était natif de Pestel et il conquit tous ses grades en combattant dans le Sud. C'était un ami personnel de Gérin et de Pétion. Il était déjà colonel en 1806 et, en 1806, un colonel était quelqu'un, car ce ne fut qu'en 1843 que les grades militaires furent prodigués, avilis même, ou commencèrent à perdre de leur valeur. On voit le nom de mon grand-père dans l'*Acte de Résistance à l'Oppression* qui fut signé à Port-au-Prince, en octobre 1806. Mon grand-père signa son nom *avec son titre de colonel,* à son rang, c'est-à-dire après Pétion et Gérin qui étaient généraux de division. L'*Acte de Résistance à l'Oppression* se trouve dans le tome III de l'*Histoire d'Haïti,* de Madiou. Mon grand-père était venu à Port-au-Prince en 1806, avec l'armée du Sud, révoltée contre Dessalines. Quoiqu'il n'eût que cinq ans en 1818, mon père, accompagné de sa sœur, Rose Janvier qui, elle-même, n'était âgée que de onze ans, assista aux funérailles du Président Pétion. L'incendie du 19 décembre 1869 ruina mon père complètement et il mourut de chagrin, en janvier 1873. Je n'étais âgé que de dix-sept ans et demi quand il mourut, mais il m'avait raconté et l'Histoire d'Haïti, et l'Histoire particulière de Port-au-Prince, ville qui avait grandi sous ses yeux et où il naquit en 1813. Tous les dimanches, il lisait Madiou, la Bible, Ardouin. Mon père était entré à dix-sept ans dans le onzième régiment de ligne. Il quitta l'armée en 1843 avec le grade de capitaine, et uniquement pour devenir le commissaire de l'îlet de Port-au-Prince compris entre la Grand'Rue, à l'ouest, la rue du Centre, à l'est, la rue de Penthièvre, au sud, la rue Saint-Honoré, au nord. En somme, c'étaient deux îlets, à cause de la ruelle qui, du coin sud-ouest du Marché Debout, débouche dans la Grand'Rue, entre la maison familiale des Abellard et la maison familiale des Coquilleau, vis-à-vis de la maison Malette. Sous l'Empire et sous Geffrard, un commissaire d'îlet était quelqu'un, surtout au Morne-à-Tuf, parce qu'il répondait de son quartier au Gouverneur de la Ville, Vil Lubin, personnellement, à l'Empereur ; plus tard, au Président Geffrard. Pendant trente ans, de 1843 à 1873, mon père exerça une espèce de suprématie que lui avaient conférée tacitement, et de leur propre mouvement, les commissaires respectifs des îlets du Morne-à-Tuf, entre autres le général Soudel, Servil Bourdon, parrain de mon jeune frère, Moristin, le général Décayette Toussaint, Nonnotte Biamby, le colonel Rousseau, Préval Laguerre, Maître, Zéphyrin Prudent, Décimus Cadet Enfin, tout le Morne-à-Tuf venait au mot d'ordre chez mon père. Au 1er janvier, il gardait la chambre et, pendant toute la matinée, cent ou deux cents citoyens venaient lui souhaiter une heureuse année et lui serrer la main. Nous habitions rue de Penthièvre, dans une maison située entre la rue du Magasin de l'Etat et la Grand'Rue, vis-à-vis de la propriété Morissette, au sud, entre la maison du général Diomède, à l'est, une propriété des Abellard, à l'ouest, et la Maison de santé, au nord. C'est là que je suis né. Je puis dire que mon père était un vrai « *pater familias* » du genre de ceux des premiers temps de la République Romaine, c'est-à-dire le patriotisme et le désintéressement, la bravoure et l'honneur mêmes. Je pense à lui chaque jour, et partout où je suis, ayant toujours méprisé l'argent et n'ayant jamais été nulle part qu'au service exclusif de ma Patrie.

Dans une République, c'est la masse des citoyens qui est le *Souverain* et non une seule personne, comme Jean-Jacques Rousseau l'a démontré fort lumineusement dans le « *Contrat Social* », un ouvrage publié en avril 1762, c'est-à-dire il y a plus de cent quarante ans et qui a eu des centaines d'éditions. Les circonstances seules forcent le Peuple Souverain à déléguer ses pouvoirs aux députés, aux sénateurs, au président, aux ministres, mais ces pouvoirs sont définis, fixés, limités dans la Constitution, laquelle est un contrat synallagmatique. Je déclare, la main sur la conscience, que je ne songe ici qu'aux Présidents qui ont vécu et qui dorment le long sommeil ; j'atteste que je ne critique que les Présidents qui reposent dans la paix du Seigneur ; je supplie qu'on croie que je ne parle que des Présidents qui ont rejoint la majorité et qui, en ce moment, regardent l'Éternel face-à-face ; je jure que je n'en veux qu'aux Présidents dont les ombres navigueront sur les flots légers du lac sans rivage jusqu'au jour du Jugement dernier : depuis Pétion, le Président, en Haïti, s'est trop souvent cru le Souverain. Les ministres ne sont presque jamais choisis parmi les membres du Parlement ; ils sont forcés de cesser d'en faire partie, en devenant ministres. S'ils arrivent au Ministère et que le Président les en chasse malicieusement ou capricieusement, le Pays perd entièrement le bénéfice de leurs lumières, de leur expériences, de leurs services parlementaires Le Parti Libéral qui fleurissait au Parlement Haïtien de 1876 à 1879 ne voulut point amender la Constitution de 1867 sur ce point primordial, alors que le Pouvoir Exécutif lui en offrait l'occasion par la présentation d'un projet de révision de ladite Constitution, le 2 août 1878. Membres du Cabinet en charge et membres du Parlement, en même temps, les chefs du Parti Libéral auraient pu gouverner le pays, ainsi que cela se pratique en Angleterre depuis deux siècles. En août 1878, les chefs du Parti Libéral, au Parlement, Boyer Bazelais et Edmond Paul, auraient dû accepter la Révision Constitutionnelle : l'occasion était excellente pour eux d'introduire dans la Constitution un article en vertu duquel les sénateurs et les députés pourraient être ministres, sans perdre leur siège au Parlement ; un autre article de par lequel le Conseil d'arrondissement serait présidé par un

Préfet civil. En votant le Budget de 1878-1879, les chefs du Parti Libéral Haïtien auraient dû supprimer les charges de commandants d'arrondissement, de commandants de place et de commune, sous le prétexte de diminuer le Budget de la Guerre. La charge de commandant de place est inutile dans une grande ville administrée civilement. Il y a dans cette ville ou bien une Préfecture, ou bien une Sous-Préfecture : au-dessous du Préfet ou au-dessous du Sous-Préfet, il n'y a que des agents absolument civils : le maire, le commissaire central de la police, les commissaires de police des quartiers, les agents de police ordinaire répartis en brigades dans les différents quartiers, le commissaire spécial de la Sûreté et la brigade spéciale de la Sûreté. Boyer Bazelais et Edmond Paul auraient été des libéraux, dans le sens européen du mot, si, en 1876 et en 1878, ils avaient développé leur programme, en pleine Chambre, publiquement. Un programme posthume n'est pas un programme, pour les gens qui savent la valeur du mot « *programme* », dans les pays de discussion : en effet, ce qui constitue le « *programme* » ce sont moins les mots qui s'y trouvent que le courage civique dont on fait preuve en prononçant ces mots. En 1876, Liautaud Ethéart, Armand Thoby, mon ami Miguel Boom étaient les trois principaux conseillers du Président Boisrond Canal. Ils étaient des esprits aussi libéraux que Boyer Bazelais et Edmond Paul. D'ailleurs, ils n'auraient pas pu empêcher les chefs du Parti Libéral au Parlement de détruire l'administration militaire en Haïti par la loi du 17 novembre 1876 et par le Budget de 1876-1877 parce que la Nation Haïtienne tout entière venait de vomir le Président Domingue et le général Polémon Lorquet qui, certes, étaient aussi acéphales, l'un que l'autre, Je vis tuer Lorquet, le dimanche 16 août 1876, dans sa maison située au coin de la rue du Centre et de la rue Pavée. La veille, Septimus Rameau fut tué d'un coup de fusil au coin de la rue du Magasin de l'Etat et de la rue des Casernes. J'étais si près de lui que j'entendis siffler à mon oreille la balle qui le frappa. Ce furent Edmond Roumain et moi qui nous plaçant debout, lui aux pieds, moi à la tête du cadavre, le couvrirent de nos corps afin d'empêcher que fut haché de coups de sabre les restes encore palpitants de l'homme qui, quinze jours auparavant, se croyait encore un Souverain absolu. Je passe pour être un *National* Haïtien et pour ne pas être du tout un *Libéral* Haïtien parce que, de 1882 à 1887, je défendis le gouvernement de Salomon, à Paris. Nul n'ignore que ce Gouvernement ne m'a jamais accordé de récompense et, d'ailleurs, tout esprit subtil peut remarquer, en lisant cette étude, que je suis bien plus un *Libéral* que ne l'étaient Edmond Paul et Boyer Barelais, dans le sens où le mot *Libéral* se prend en France ; que, beaucoup plus qu'eux, j'ai l'esprit tout pénétré de *parlementarisme*, dans le sens où le mot *parlementarisme* se prend en Angleterre. Les Haïtiens ne lisent que le français : cependant les constituants haïtiens, depuis 1816, n'ont jamais pu voir qu'en France, et depuis 1816 aussi, les ministres sont presque toujours choisis dans le Parlement ; qu'ils ne perdent point leur siège parlementaire, ni en devenant membres d'un cabinet ministériel, ni en tombant du ministère. Il en résulte qu'un citoyen haïtien ne sait jamais qu'il deviendra ministre normalement. Il ignore qu'il est « ministrable » ou personnage de rang consulaire, comme on disait à Rome, pendant la République, pendant la période comprise entre la période royale et la période impériale ; il ignore surtout s'il peut rester ministre pendant longtemps et sérieusement : par conséquent, il ne songe point à étudier les sciences du gouvernement et, trop souvent, le Pouvoir se trouve dans des mains de maîtres qui, parlementairement, n'ont jamais été apprentis. Il y a interpénétration entre toutes les sciences politiques : le vote de l'impôt, après discussion sérieuse, force le gouvernement qui le sollicite d'une Chambre des représentants du Peuple à respecter les libertés de cette Chambre et, par conséquent, les libertés des électeurs de cette Chambre solennellement consignées dans la Constitution. Si une Chambre de Représentants du Peuple qui n'est point née d'élections officielles, refuse de voter des impôts directs et que le Peuple qui doit payer ces impôts directs refuse de les payer parce que ses représentants ne les ont point votés, il est impossible au Gouvernement qui réclame ces impôts directs, de rester despotique ou tyrannique pendant longtemps. Le vote de l'impôt direct par un Parlement, après discussion sérieuse, et sa répartition sont les meilleurs boulevards des libertés politiques d'un peuple, dès que ce peuple a conquis ces libertés et possède des hommes d'Etat assez instruits, assez courageux pour défendre ces libertés par la plume ou par la parole. Ainsi, c'est par le vote du budget que le Peuple anglais a conquis toutes les libertés politiques et c'est en Angleterre qu'est né le gouvernement par parti politique homogène, le gouvernement parlementaire parfait, le gouvernement par le Cabinet et par la Chambre des Communes. Les conséquences de ces faits sont incalculables. Depuis deux siècles, le Souverain, en Angleterre, n'assiste jamais à un Conseil du Cabinet en charge. Il en résulte qu'il est réellement irresponsable de la politique du Ministère ; qu'il ne peut être qu'aimé et vénéré par tous ses sujets, sans distinction de parti, attendu qu'il ne peut faire aucun mal. Bien que, depuis 1846, les Constitutions haïtiennes déclarent solennement que le Président d'Haïti est irresponsable, celui-ci préside toujours les Conseils des Ministres, tranche du Souverain absolu et veut toujours faire croire que c'est lui seul qui peut gouverner le pays ou qui le gouverne. Il s'imagine volontiers, que, seul, il peut penser pour toute la Nation ; que des citoyens qui ont passé leur vie à étudier les Sciences de Gouvernement, n'ont pas le droit, ni de parler, ni d'écrire. Dans tout pays à Gouvernement parlementaire, la presse est libre réellement, la culture cérébrale devient de plus en plus la règle, les lois sont de plus en plus respectées, l'arbitraire devient de plus en plus odieux, le patriotisme devient de plus en plus consciencieux, la probité et la droiture sont de plus en plus répandues dans toutes les classes. En Angleterre, l'espionnage politique n'existe pas, justement parce que tout Anglais appartient à un des deux partis politiques, dont le chef siège toujours au Parlement ; parce que personne ne s'inquiète de l'opinion du voisin ; parce que personne n'a besoin de cacher ses opinions ; parce que chacun peut écrire et dire ce qu'il lui plaît, sans craindre la prison ou l'exil.

La Constitution haïtienne de 1889 que foule de gens croient originale et très libérale ne fait que répéter en ses articles 121, 122, 123, 124, 125 les dispositions des articles 137, 138, 139, et 141 de la Constitution haïtienne de 1843 : elle ne supprime pas le Commandement d'arrondissement comme agent de l'autorité centrale, elle ne le remplace pas par le Préfet. Le gouvernement qui eut à l'appliquer immédiatement et qui se vantait de son libéralisme aurait pu transformer les plus méritants des commandants d'arrondissements en préfets civils. En compensation de la perte de leur charge, il aurait pu donner aux autres commandants d'arrondissement, soit une grosse pension en argent, soit une habitation de l'État comme cadeau national. La Constitution de 1843, en son article 136, dispose que chaque arron- « dissement a pour chef d'administration un « préfet, chaque commune un maire. » La Constitution de 1889 déclare, en son article 157, que les finances de la République sont décentralisées ; qu'une loi fixera incessamment la portion des revenus publics afférents aux conseils d'arrondissements ou aux conseils communaux ; elle dispose en son article 121 que le conseil d'arrondissement est présidé par un citoyen auquel est donné le titre de Président du Conseil d'arrondissement, avec voix délibérative » ; en son article 123, que le Président d'Haïti nomme les présidents des Conseils d'arrondissement mais qu'il ne peut les choisir que parmi les membres des dits Conseils. Ces dispositions ne suffiraient pas pour détruire l'influence du commandant d'arrondissement ou plutôt son mauvais vouloir, en ce qui touche l'exécution des décisions du Conseil d'arrondissement, s'il existait des conseils d'arrondissements : on l'a parfaitement vu pendant que les conseils d'arrondissement fonctionnaient, de novembre 1876 à septembre 1879, c'est-à-dire conformément à la loi du 17 novembre 1876 qui instituait ces Conseils. Dans les conseils souverains de Saint-Domingue, l'intendant représentait l'autorité centrale, c'est-à-dire l'autorité civile ; il était toujours étranger à la colonie ; c'était lui qui présidait le Conseil souverain et tous les officiers militaires, même le gouverneur en chef de la colonie, étaient sous ses ordres.

Dans le système de la Constitution de 1843, le Préfet Haïtien remplaçait purement et simplement le commandant d'arrondissement, dont la charge était abolie. Naturellement, d'après ce système, le Préfet aurait eu la présidence du Conseil d'arrondissement ; le Préfet d'arrondissement aurait rempli des fonctions civiles, de police et de finances, comme dans les conseils souverains de Saint-

Domingue, l'intendant remplissait les fonctions de justice, de police et de finances. En parlant de finances, on peut répéter ici que le régime du papier-monnaie n'a existé en Haïti depuis près de cent ans que parce que la Nation Haïtienne n'a jamais connu les douceurs d'un gouvernement civil, je veux dire d'un gouvernement dans lequel le pouvoir est exclusivement confié à des hommes qui ont passé par des universités et qui ont été obligés de subir des examens d'économie politique, de science financière, de droit civil, de droit international. Le Président Pétion créa le papier-monnaie, en pleine paix, pendant que dans le royaume de Christophe, la circulation monétaire était exclusivement d'or et d'argent. Si Haïti avait été administrée par des fonctionnaires civils depuis le Président Boyer jusqu'à 1870, ces fonctionnaires civils auraient certainement débarrassé ou guéri le pays du papier-monnaie. Tout au moins, de 1889 à nos jours, le pays se serait débarrassé ou guéri de nouveau du papier-monnaie. Le Président Salomon remit le pays sous le régime du papier-monnaie, et sans raison, mais ceux qui le renversèrent du Pouvoir, en 1888, qu'ils fussent du Nord où qu'ils fussent du Sud, n'ont point retiré le papier-monnaie de la circulation. Cependant, de 1890 à 1896, la situation financière d'Haïti était telle que le retrait intégral du papier-monnaie aurait pu être effectué facilement. Ainsi en témoigne des mieux une étude approfondie des *Comptes par bref état des finances haïtiennes* que la Banque Nationale d'Haïti a publiés annuellement, entre 1890 et 1897 : pourtant M. Anténor Firmin, M. Frédéric Marcelin, M. Callisthène Fouchard ont été ministres des Finances, de 1890 à 1897, et ils passent pour être de grands financiers. Ce n'est pas que j'aie peur de m'en faire des ennemis personnels mais je dis ceci sans malice et je ne m'en prends qu'aux institutions. Le véritable objet de cette étude est de me faire des amis sérieux tout en démontrant que, désormais, un ministère en Haïti doit être homogène et doit avoir un programme ; que, sans président du Conseil, un ministère ne peut être homogène et ne peut avoir de programme ; qu'un président d'Haïti serait beaucoup plus glorieux et beaucoup plus sûr de mourir en Haïti, après son septennat, s'il se contentait de régner sans assister jamais à un Conseil de Cabinet, c'est-à-dire sans gouverner, sans être responsable réellement, comme le veut encore la Constitution de 1889. Le roi d'Angleterre est beaucoup plus un souverain que ne l'est un président temporaire d'Haïti : pourtant, depuis près de deux siècles, le roi d'Angleterre n'assiste jamais à un Conseil du Ministère en charge. Celui-ci est seul responsable devant le Parlement et le Pays. Naturellement, un cabinet homogène ne peut exister que dans un pays parlementaire, c'est-à-dire gouverné par les Chambres et par des Ministres qui savent écrire ou qui savent parler. S'ils avaient à discuter, à expliquer au Parlement, et publiquement, les raisons de leurs actes, au lieu de se retrancher à chaque instant derrière le Président d'Haïti qui, constitutionnellement, n'est pas responsable, ces Ministres seraient forcés d'apprendre les sciences de gouvernement et notamment le droit international, la statistique, les courtoisies internationales. Il y aurait deux partis politiques, au moins, lesquels seraient forcés d'avoir chacun un état-major d'intellectuels et une presse instruite. La Constitution de 1889 prêche « *l'anéantissement des « partis politiques dont les luttes stériles ont tant « retardé la marche progressive de la République « et fait douter des aptitudes de notre race à se « gouverner.* » Cette manière de penser prête à rire. Ce m'est un vif regret que de sembler manquer de respect à la Constituante de 1889, mais en ma qualité de membre *du Souverain haïtien,* je dois faire observer que c'est le développement des partis politiques en Angleterre et leur alternat au pouvoir qui, en deux siècles, ont fait du Royaume-Uni une des plus formidables puissances de l'Univers. Il n'y a jamais eu de partis politiques en Haïti, excepté pendant la courte époque où Boyer Bazelais était chef des Libéraux au Parlement, et Demesvar Delorme, chef des Nationaux au Parlement. Un chef de parti politique ne saurait être un muet. S'il ne siège pas au Parlement, devant quel auditoire compétent pourra-t-il exprimer ses opinions, développer son programme ? Et s'il n'a pas devant lui soit le chef de l'Opposition, soit le chef du Cabinet en charge qui doit lui répondre immédiatement, en toute courtoisie et en toute liberté, pourquoi se donnerait-il la peine d'étudier, de servir dans les places inférieures, de conquérir ses galons civils, un à un; pourquoi craindrait-il de verser le sang pour arriver au Pouvoir et pour y rester? Comment peut-il gouverner en homme civilisé ou civilement; comment peut-il forcer ses adversaires politiques aussi bien que ses amis politiques à rester purs, c'est-à-dire à ne songer qu'à bien faire, à ne servir que la Patrie, de la jeunesse au tombeau?

M. Anténor Firmin et M. Léger Cauvin étaient tous deux membres de la Constituante de 1889. Je suis un des amis de celui-ci depuis 1868 et j'étais des amis de celui-là depuis 1876. Je puis donc affirmer que si notre pays avait imité les coutumes des partis politiques de l'Angleterre, Firmin et Léger Cauvin n'auraient point cessé d'être membres du Parlement depuis 1889, alors même qu'ils auraient fait partie de plus d'un Cabinet ministériel. En Angleterre, le même homme reste membre de la Chambre des Communes quelquefois pendant trente ou même quarante ans consécutifs, alors même que son parti a perdu le Pouvoir plus d'une fois. Depuis 1889, ni M. Anténor Firmin, ni M. Léger Cauvin, n'a été ministre pendant deux années consécutives : ils sont pourtant au nombre des quarante Haïtiens qui, depuis 1889, auraient dû être toujours soit au Ministère, soit à la Chambre des Communes, soit au Sénat. D'autre part, si la Présidence de la République en Haïti ne devait être donnée que par le Parlement, comme en France, en récompense de grands services civils, et uniquement à des Parlementaires, nous en aurions fini pour toujours avec les présidences militaires et, par conséquent, avec les *révolutions* puisque jamais une *révolution* de civils n'a réussi en Haïti. Contrairement à ce que disaient les constituants de 1889, en édifiant une nouvelle présidence militaire, ce sont elles, ces présidences militaires et les luttes stériles qu'elles ont engendré « *qui ont tant retardé la marche progressive* « *de la République et fait douter des aptitudes de* « *notre race à se gouverner.* » Il importe de le révéler ici : pendant la guerre civile de 1902, plus d'une des grandes puissances a voulu intervenir dans les affaires intérieures de la République d'Haïti. Il faut conclure et je conclus que les trois premiers articles du programme du *Parti Libéral* doivent être le retrait intégral et rapide du papier-monnaie, un essai loyal d'administration civile, un essai loyal du gouvernement parlementaire ; que les trois premiers articles du programme du *Parti National* doivent être l'adoption de la monnaie d'or comme étalon, le vote et la répartition des trois contributions directes qui sont aussi des impôts de répartition, un essai loyal de gouvernement parlementaire.

Lille, 10, rue Nicolas Leblanc, le 11 Août 1905.

TABLE DES MATIÈRES

LILLE IMP. LE BIGOT FRÈRES

www.ingramcontent.com/pod-product-compliance
Ingram Content Group UK Ltd.
Pitfield, Milton Keynes, MK11 3LW, UK
UKHW031924260826
14628UKWH00003B/1392

9 782011 782991